艺术介入乡村建设
人类学家与艺术家对话录之三

主　编　方李莉
副主编　安丽哲　汪　欣

文化藝術出版社
Culture and Art Publishing House

图书在版编目（CIP）数据

艺术介入乡村建设．人类学家与艺术家对话录之三／方李莉主编．—北京：文化艺术出版社，2022.6
ISBN 978-7-5039-7205-8

Ⅰ．①艺… Ⅱ．①方… Ⅲ．①艺术－影响－农村－社会主义建设－研究－中国 Ⅳ．①F320.3

中国版本图书馆CIP数据核字（2022）第010871号

艺术介入乡村建设
人类学家与艺术家对话录之三

主　　编	方李莉
副 主 编	安丽哲　汪　欣
责任编辑	叶茹飞　钟诗娴
责任校对	邓　运
书籍设计	赵　矗
出版发行	文化藝術出版社
地　　址	北京市东城区东四八条52号（100700）
网　　址	www.caaph.com
电子邮箱	s@caaph.com
电　　话	（010）84057666（总编室）　84057667（办公室） 　　　　　84057696—84057699（发行部）
传　　真	（010）84057660（总编室）　84057670（办公室） 　　　　　84057690（发行部）
经　　销	新华书店
印　　刷	国英印务有限公司
版　　次	2022年6月第1版
印　　次	2022年6月第1次印刷
开　　本	710毫米×1000毫米　1/16
印　　张	14.5
字　　数	164千字
书　　号	ISBN 978-7-5039-7205-8
定　　价	68.00元

版权所有，侵权必究。如有印装错误，随时调换。

编委会名单

主　　任： 韩子勇

副 主 任： 王福州

委　　员：（以姓氏笔画排序）

于长江　王永健　王廷信　王建民　方李莉　左　靖
邢　莉　朱利峰　任　珏　色　音　安丽哲　李小佳
李修建　杨晓华　汪　欣　张　航　张　喆　张玉梅
陈向宏　欧阳甦　罗健敏　金江波　周　一　孟凡行
赵旭东　荣树云　袁　瑾　徐　平　黄桂娥　萧　放
渠　岩　梁钦宁　董进智　程惠哲　靳　勒

ART INTERVENTION RURAL CHINA
国 艺术 介入 乡村 建设 展

策展人
CURATOR
方李莉
Fang Lili

策展助理
CURATORIAL ASSISTANTS
汪欣 安丽哲
Wang Xin An Lizhe

乡村建设者
CURATORIAL ADVISORS ON
RURAL RECONSTRUCTION
渠岩 从许村到青田
Qu Yan - from Xucun village
to Qingtian village

左靖 景迈山
Zuo Jing - Mt. Jingmai

靳勒 石节子美术馆
Jin Le - Shijiezi Museum

开幕时间 2019年3月23日14:30
OPENING RECEPTION March 23, 2019, 14:30

展览时间 2019年3月24日至4月7日
DURATION
Mar 24th - Apr. 7th 2019

展览地点 北京中华世纪坛专题展厅
VENUE
The China Millennium Monument, Thematic Exhibition Hall

主办单位 中国艺术研究院
HOST
Chinese National Academy of Arts

承办单位 中国艺术研究院民俗研究室
ORGANIZER
Institute of Folklore, Chinese National Academy of Arts

协办单位 广东工业大学艺术与设计学院
CO-ORGANIZER
School of Art & Design, Guangdong University of Technology

海报（苏航/设计）

论坛会场（刘晓辉/摄）

展览现场（刘晓辉／摄）

展览开幕式现场（刘晓辉／摄）

展览现场（刘晓辉/摄）

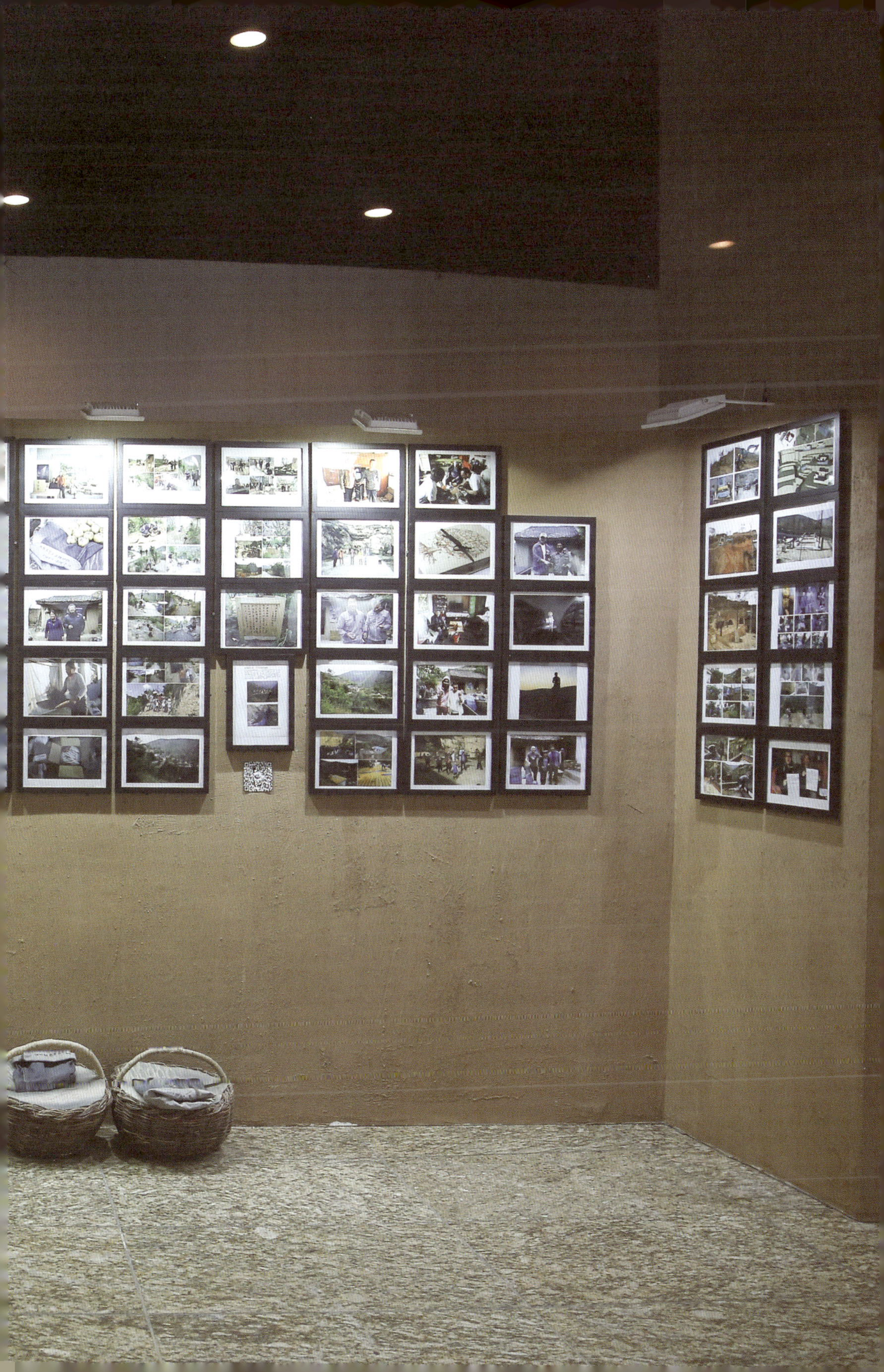

展览现场（刘晓辉／摄）

目录

导言　有关中国艺术乡村建设展的策展思考

一、中国艺术乡村建设展览暨论坛举办的背景 / 003

二、中国艺术乡村建设展览介绍 / 005

三、展览带来的思考 / 010

第一部分　传统艺术与美丽乡村建设

徐　平：*"无讼"社会轮回与美好乡村建设* / 015

萧　放：艺术乡建的内生性动力研究 / 023

王廷信：山西河津艺术乡建中的传统坚守与时代气息 / 028

色　音：挖掘民俗旅游资源，助推草原乡村建设
　　　　——以苏泊罕草原民俗旅游为例 / 032

邢　莉：泾川的西王母文化与当地的公共文化建设 / 043

安丽哲：艺术乡村建设的历史经验和当代实践 / 053

孟凡行：手工艺共同体的理论、意义及问题
　　　　——以陕西凤翔泥塑村为中心的讨论 / 057

荣树云：秩序与生存
　　　　——杨家埠木版年画的行业习俗之人类学研究 / 076

董进智：艺术化，乡村的未来 / 087

评议与讨论 / 094

第二部分 艺术乡建的经验与启示

王永健：日本"社区营造"对当代中国乡建的启示 / 109

袁 瑾：从信仰艺术到公共文化
　　　　——当代乡村庙会艺术重构的趋向研究 / 118

渠 岩：艺术乡建——中国乡村建设的第三条路径 / 124

左靖、周一：作为"遗产"的景迈山 / 137

靳 勒：村民们的美术馆——石节子美术馆 / 140

任 珏：从美丽乡村到美好乡村
　　　　——多主体参与的活态落地营造 / 143

汪 欣："乡村+艺术"，乡村振兴的助力 / 148

黄桂娥：贵州台江阳芳村艺术乡建的实践及思索 / 151

评议与讨论 / 153

第三部分 艺术乡建的争议与反思

赵旭东：如何才可能艺术地介入乡村？ / 169

于长江："建设"——艺术乡建的关键词 / 179

金江波：用策略介入乡村建设中 / 184

欧阳甦：莫干山的艺术乡建经验 / 187

罗健敏：从历史观的角度看乡村建设 / 190

张 航：艺术机构在乡村建设中的作用 / 193

张玉梅：媒体视角下的艺术乡村建设 / 196

陈向宏：乌镇和古北水镇的建设经验 / 200

朱利峰：以手工艺振兴修复乡村文化生态 / 203

评议与讨论 / 206

论坛总结 / 212

附录

附录一 费孝通先生家属、国务院参事室费孝通社会调查中心副秘书长
张喆致辞 / 221

附录二 梁漱溟先生家属、中国孔子基金会梁漱溟研究中心副主任
梁钦宁致辞 / 224

导言

有关中国艺术乡村建设展的策展思考

一、中国艺术乡村建设展览暨论坛举办的背景

首先非常感谢所有参加讨论的学者，大家都是艺术乡建的长期支持者，在场很多学者都是从第一届艺术乡建研讨会就参加会议的人。第一次有关艺术乡建的研讨会是在三年前召开的，这次是第三次。前两次的会议都只有研讨会，而没有举办展览。

在会议上，有不少艺术家、设计师展示了自己做的乡建案例，我们觉得他们做得非常好，许多图片都非常有吸引力，于是产生了策划一个将这些成果展示出来的展览的愿望。研讨会固然很重要，但艺术家的视觉表达也很重要。而且我认为，艺术乡建也许是未来乡村振兴的一条非常值得探讨的路子。展览所产生的视觉刺激和现场感，会让更多人关注到艺术乡建的问题。

为此，我们研究所向中国艺术研究院提出了申请，这个想法得到了中国艺术研究院领导的大力支持，因此有了这次展览和研讨会。

从历史的维度来看，中国乡村振兴的口号不是今天才提出来的，是从民国时期就开始的，因此，乡村振兴是中国人的百年之梦。但在不同的时期，乡村振兴的社会背景是不一样的。在民国时期，中国社会积贫积弱，为了改变落后的面貌，整个社会都在进行全面的转型，即从传统的农业文明转向现代的工业文明，当时的唯一出路就是向西方学习。

在那样的背景中，我们不仅对自己的传统关注不够，而且为了尽快地进入现代化，只能选择放弃自己的文化，甚至把传统文化看成进入现代化的羁绊。因此，从五四运动"打倒孔家店"，到后来的"移风易俗""破四旧""立四新"，中国几乎花了一百年的时间努力进入现代化。在这样的过程中，中国的传统文化不断消失。

今天回过头看，我们的传统文化还是有很强大的力量的，但大部分的传统主要存续在乡村。我们振兴乡村实际上不仅是经济的振兴，也是传统中华文明的振兴。艺术家的作用不仅是要帮助乡村发展经济，也是要以艺术的形式激活传统文化。有人觉得激活传统文化的主要目的是帮助乡村发展旅游业。在当代的经济结构中，旅游业成了文化产业中的重要组成部分，也成为乡村经济新的增长点。但我认为，艺术乡村建设的目的还不止于此。第一，旅游不能代替所有的产业，乡村要发展仅有旅游业是不够的，需要发展多种产业，包括手工业以及其他各种产业，如种植业、畜牧业、生态农业等；第二，最重要的是让农民能在乡村安顿下来，能够在那里安居乐业，找到家的感觉。乡村只有变成农民们愿意居住的家园，这样的乡村才有存在的意义。为了考察，我们去过很多乡村，如今许多乡村尤其是古村落都变成仅供参观而少有人居住的地方，游客们去了，参观一下，吃一顿饭，住一下民宿，就回来了。除了做生意的，开民宿的，已经没有当地人在那里居住了。

文化是什么？文化就是人，就是人的生活。所以，只有人才是文化的载体，没有人就没有文化，没有当地人的生活方式的呈现就没有当地文化。没有文化如何搞文化产业？如何发展旅游业？许多人愿意出去旅游是为了体验不同的文化情境，而不仅仅是为了看一些人工景观和千篇一律的商品小摊。

因此，乡村振兴首先是为了让当地农民能够在那里住下来，安居乐业，发展他们的经济和文化生活，建构一种有中国特色的乡村生活样式。

为了说清楚这些理念，作为策展人，我选择了由渠岩教授执导的"从许村到青田"、左靖教授执导的"作为'遗产'的景迈山"、靳勒教授执导的"石节子美术馆"三个艺术乡建项目，作为这次"中国艺术乡村建设展"的展览内容。艺术乡村建设在民间自发地兴起并进行了若干年，在社会上产生了较大的影响力，而由国家级的研究机构进行研究并举办展览，这还是第一次，其意义非常重大。这意味着当下中国的乡村振兴关系的不仅是经济建设，还有文化建设、人心建设。从这一层面来说，今天乡村建设的含义比民国时期又更加丰富和深入了。

二、中国艺术乡村建设展览介绍

在这里，我把这三个项目的展览内容和主题做一个简单的总结：渠岩教授执导的"从许村到青田"的展览主题是"家园的重建"，最初引起我关注的就是他在艺术乡建中提出的"重估和重建乡村价值"的口号。他说："家乡是我们最后的精神家园，西方追求的是灵魂不朽，而中国追求的是生生不息的生命繁衍。""中国人的约束不是来自宗教而是来自家族，把人都赶到城市去，离开家族的约束，会出现很多问题。"他清楚地看到，乡村的传统文化是建立在家族文化的基础上的，而家族文化的魂又被附着在村里的老建筑上。所以，他在许村所要做的第一项工作就是修复那些明清时期留下的老房子。他认为"修复、保护老房子，是要恢复我们家族的荣耀，召回百年来我们模仿西方、模仿城市所失去的神性"。而乡村的神性与合法性在于乡村的信仰和祠堂，他说他从许村到青田看到的最大不同，就是北方乡村的信仰体系基本荡然无存，而在南方的广东却基本香火未断，人们还在信仰关公和祖先。而广东一带经济发达和他们讲究诚信和情义有关系，这样的传统信仰规范了人们的道德行为，同时也保持了经济社会的有序发展。如果说在许村的艺术乡建中，他更关注的是老房子的修复，那么在青田的艺术乡建中，他更关注的是这些还活着的乡村价值和乡村文化。

通过展览我们看到，渠岩虽然是一位艺术家，但关心的却是社会发展的大问题，其理念是让艺术走下神坛，成为社会革新的工具，让它从审美的系统变成一个推动社会进步的系统。他的这一理念让我们看到，我们不仅要重估乡村的价值，同时也要重估艺术的价值，艺术不仅是一套审美体系，也是一套价值体系，它承载着人类追求新生活的向往和理想。渠岩说："现代社会发展得太快，我们建起了一座座高楼大厦林立的城市，但回过头却发现我们那远在乡村的家没了。"没有了家，灵魂没有了可以安顿的地方，祖先的祠堂荒废了，生生不息、血脉相连的传统被割断了。

第二个项目是左靖教授执导的"作为'遗产'的景迈山"。我关注到左靖教授的艺术乡建，是从他所做的"碧山计划"开始的。和渠岩教授一样，他也从事艺术乡建多年，在这个过程中形成了自己的一套模式。他是从收集、梳理、再现当地文化开始的。他所执导的这一项目所在地——景迈山，位于云南省的西南边陲，以盛产普洱茶闻名。左靖首先做的事情，就是带领一支团队对景迈山进行了近三年的田野调查。在这一过程中，他们了解到景迈山的村民几乎没有外出打工的，传统的文化体系也保留得很好，主要是因为这里盛产茶叶，村民们采茶、做茶、销售茶叶，生活富足，围绕着茶叶产生的各种民俗活动也保留得很好，这是一套完整的文化体系。

只是富起来了的村民们希望能过更现代的生活，景迈山的村民们也一样，他们想把传统的干栏式木房改成随处可见的水泥式建筑。这也没有什么不对，但建筑是当地的人文景观，一旦改变，长期在这一自然环境中流传下来的人文景观就消失了，地方的特色也顿时不见了。因为对于生活在这里的布朗族人来讲，房子不仅是他们生活的物理空间，也是他们生活的精神空间，不仅有世俗性，还有神圣性。不仅他们在里面居住，他们祖先的灵魂也依附在其中，许多文化仪式就在里面举行。所以，传统建筑不仅具有功能性，还具有文化性。

如何保留这些建筑以及当地乡村中所承载的文化价值体系，就成了进驻到这些村庄的左靖团队一直在思考的问题。为此，左靖团队对当地传统的干栏式民居建筑做了功能性的改造，即外观和结构基本不改，但增加了房子的亮度和防水能力以及内部的区隔。另外，左靖团队与政府合作，将改造好的建筑作为村里的样板房，供村民们观看，让他们认识到改造过的传统建筑和流行的水泥房子一样实用，但更美，更有特色，让村民们在提高自己生活质量时能多一种选择。

他们将文化展陈、社区教育与生活服务等功能，注入 5 幢改造好的民居。这个团队有建筑设计师、摄影师、画家、编剧等，是一个名副其实的艺术团队。他们以不同的方式记录和整理了村庄的文化和历史，挖掘了乡村里最珍贵的、最值得保留的文化传统与习俗。在这个过程中，他们拍了许多录像、照片，同时也解剖了不同类型的传统建筑，做了许多建筑模型，还画了许多线描图。通过各种艺术手段，他们将乡村文化的美尽可能地发掘和展现出来。然后通过文化展陈，让村民们来参观他们自己的文化。这样的展览就像是一面镜子，让村民们在镜子面前第一次清楚地看到了自己，觉得自己原来这么美，这么有情趣，在这样的感受中他们找到了自信，也迸发了极大的创造力。现在他们仍然在种茶和做茶，但已经会用微信在网上开网店、卖茶叶、招揽游客了，传统生活与现代生活的相互联结，这就是景迈山的未来，也许是所有乡村的未来。

左靖将艺术作为一种教育手段，潜移默化地影响和启迪当地居民去重新认识自己的文化价值，这是艺术介入乡村建设的一个值得肯定的模式。

第三个项目是靳勒教授执导的"石节子美术馆"。这一项目和前两个项目的最大不同是，渠岩教授和左靖教授对于他们所参与建设的村庄来说，都是外来者，而靳勒教授从小生活在甘肃天水市秦安县叶堡乡石节子村，他就是当地村民，他在这个村庄出生长大，虽然后来他考上了大学，还当上了大学教授，但为了改变家乡的面貌，他又回到了村里，还当选为村主任，他的微信昵称就叫"靳勒村长"。他所在的这个村庄，是一座普通的西北村庄，干旱缺水，交通不便，山上的土地贫瘠，农作物很少，只有一些花椒树，少数的杏树、桃树和苹果树。据说，这个村里的农民，在中华人民共和国成立前没有自己的土地，主要是给附近的地主当雇工。村庄里没有出过文化人，没有村史的记录，没有祠堂，也没有族谱，是一个既缺乏自然资源，也缺乏人文资源的乡村。他们所拥有的最大"资源"就是靳勒先生，他是这个村庄的第一位大学生，第一位大学教授，第一位大学问家。

20世纪80年代以后，青壮年都出去打工了，只剩下老人和小孩，这样的村庄基本处于边缘、废弃的状态，西北地区的许多村庄都是如此。靳勒先生每年回到村里，除了看到村里的人老了，小孩少了，年轻人少了，再没什么变化。于是，他开始产生了一个愿望，即用自己所学到的艺术知识来改变这座村庄。2007年，他召集石节子村4名农民去德国参加当代艺术展，让从来不知艺术为何物、从未离开过山沟的村民们第一次出国，而且还参观了国际性的艺术展，对于村民们来讲，这在他们的心灵中几乎是前所未有地跨越了一个大鸿沟。

于是，靳勒开始设想将整个村庄里的每家每户、村庄四周的山山水水，都囊括成为一个乡村美术馆，村民们的家庭、村民们的生活、村民们的生产劳动等都是美术馆的一部分。这是一个非常具有当代艺术性的想法，别人用现成物当艺术品，他却用现成的活生生的农民生活当艺术品，建美术馆。

在建立美术馆之前，村民们的生活就是日常生活，但现在这里的村民们开始艺术地生活着，并因此逐渐自尊、自信起来。为了接待外来的艺术家到这里创作和交流，村里开始变得干净整洁了。靳勒先生说，他做艺术乡建并不仅仅是为了让村民脱贫致富，还为了让村民们有尊严地活着。他从小生活在农村，刚进入城市的时候，他胆小、自卑，而且敏感，觉得自己土气，总害怕被人瞧不起。是艺术帮他找到了自信，找到了认识世界的方法和角度。只有自信的人才会有创造力和想象力，人心的改变才是最大的改变。

互联网和新媒体时代让社会生活成为可以观看的剧场，石节子美术馆村民的活动也由此被放到了社会的聚光灯下。也就是说，石节子美术馆的建立，让村民们看到了外面的世界，同时也让外面的世界看到了一个极其偏远的小山村里人的生活。艺术作为桥梁沟通了城市人和农村人，使他们相互了解，消除了城市人和农村人之间曾经有过的鸿沟。石节子曾经做过一个活动，即外来的艺术家们和村民们一起进行艺术创作，主题是"一起飞"。不仅是艺术家们和村民一起飞，也是城市人和农村人一起飞，城市和乡村一起发展，这也许才是乡村振兴的最大目标！

这三个项目具有三个不同的特点：第一个项目关心的是家园重建；第二个项目将景迈山"遗产"连接其未来发展；第三个项目通过艺术家和村民"一起飞"，开阔了村民的眼界，提高了村民的自信心和创造力。

三、展览带来的思考

这次展览所带来的思考是：中国是一个以农为本的国家，有着世界上面积最大的乡村，在那里蕴含着我们世世代代积累下来的中华文明的智慧，这一智慧包括了中国人"天地人和"的宇宙观，包括了类似二十四节气这样的农业知识体系，还有代代相传的手工技艺，更包括了中国人家族繁衍的人生文化，以及传统中国人的生活样式。今天我们将其称为非物质文化遗产，但任何文化必须是活态的，才可以世代流传，永不腐朽。因此，我们不要仅仅满足于去保护这些遗产，而是要去进一步激活这些遗产为我们今天所用，而艺术的最大特点就是能通过具有感染力的形式表达去唤醒沉睡的传统和濒于消亡的非物质文化遗产，这也就是艺术介入乡村建设的价值所在。

艺术介入乡村建设的关键首先在于艺术家对自然、对历史、对生命有一种天然的情感和热爱。他们不是用理论去说教，而是懂得用艺术的形式法则去化腐朽为神奇，将一些破旧的、即将倒塌的传统建筑重新修整，将其改造为既具有传统外形，又具有现代享受功能，还具有特别的地方风味的新生活空间。在这样的生活空间中，一些农民看不上的、几乎要扔的传统生活器具，成为新的生活空间中的有品位有文化的装饰品。这样变废为宝的设计和布置让农民们耳目一新，他们没想到在自己的生活中，原以为过时的房子和器具还有如此的美感，于是开始信任和追随艺术家，相信在艺术家带领下，自己的家乡一定能改变。这样的范例比任何说教都有效果，让大家看到：新的生活一头连接着传统，一头还连接着时尚与未来。当大家看到传统和时尚、未来是相联系的，人们就不再热衷于拆旧房子了，而是想办法修复旧房子或再造旧房子，在传统中找到新的创造力。其实对于传统的旧房子是如此，对于传统的地方性文化知识、传统的地方性农业知识也是如此，都可以在传统的基础上找到新的创造力。即使学术也是如此，所谓的原创性都是在本土传统基础上的再创造。艺术家的创造容易被大家关注，是因为其创造的是视觉形象，是符号语言，是情感故事，能让人一目了然，可知、可感、可视、可触摸。

因此，由艺术家、设计师先行切入，然后再带动各种力量共同介入，这也许是艺术乡建可以而且值得尝试的模式。也因此，未来艺术家最重要的任务也许不仅是要创作艺术作品，而且要想办法成为新的生活样态与形式的创造者。在他们的参与下，乡村的生活会跟城市的生活一样富有吸引力，由乡村产生的新生活样态不仅包含文化、历史、审美的价值，还有新的文明理念、新的文明追求。唯有如此，乡村建设才有价值，才有意义。有时我们觉得乡村振兴是我们在挽救乡村，殊不知是乡村在挽救我们这些身处迷途、找不到家的人。因此，乡村建设就是家乡建设、家园建设、心灵建设。其概念的内涵不仅是物质上的，也是精神上的。也许还有一个更加深刻的含义，那就是艺术介入乡村建设有可能是人类从工业文明转向生态文明之际的一场"文艺复兴"，这场"文艺复兴"是以人类重新认识自己的传统文化，并以艺术作为桥梁寻找回家的路进而塑造人类新的生活开始的。如果是这样，那么艺术介入乡村建设将是中国对于人类社会发展的一大贡献。

方李莉

2019 年 3 月

第一部分

传统艺术与美丽乡村建设

徐平："无讼"社会轮回与美好乡村建设

（中共中央党校文史部教授）

我发言的题目是《"无讼"社会轮回与美好乡村建设》。为什么叫轮回？是因为"无讼"社会最早是由费孝通先生在《乡土中国》里提出来的一个概念，乡土社会的一个基本特征就是"无讼"，中国传统乡村是礼治秩序下的"无讼"社会；而今天正在全国蓬勃开展的乡村振兴，使得中国农村又呈现一片国泰民安的景象，是更高层次的"无讼"社会回归。循环的背后，是中国社会的发展和进步。艺术家们正在进行美丽乡村建设实践，做出了许多成绩。我觉得还应当更进一步，那就是要全面推进美好乡村建设。

费孝通先生在《乡土中国》开篇就写道："从基层上看去，中国社会是乡土性的。"费孝通先生称之为乡土本色。乡土社会中社会关系最突出的特点就是"差序格局"，费孝通把中国乡土社会的"差序格局"与西方抽象的"团体格局"相比较："我们的社会结构本身和西洋的格局是不相同的，我们的格局不是一捆一捆扎清楚的柴，而是好像把一块石头丢在水面上所发生的一圈圈推出去的波纹。每个人都是他社会影响所推出去的圈子的中心。被圈子的波纹所推及的就发生联系。每个人在某一时间某一地点所动用的圈子是不一定相同的。"这个由"己"推出的圈子，可伸可缩，大可"一表三千里"，而小可缩到只剩家庭成员，并根据与中心"己"的距离远近来区分厚薄。凭着这个富有伸缩性、关系厚薄不一的圈子，生活在稳定不变的乡土社会里的人民，建立了一个可以应付日常生活危机的社会支持关系网。正是这种"差序格局"下乡土中国的乡土性，维系着私人的道德，影响着亲属关系、血缘关系甚至地缘关系，并扩大到家庭之外的家族，甚至影响着乡土社会的政治秩序和统治方式。从男女有别的"家族"到礼治秩序下的"无讼"，无为政治下的长老统治，以名实分离的策略来应对社会变迁。而近代以来从欲望到需求的文明转折，时势的力量又迫使乡土中国进入乡土重建。这本书成书于 20 世纪 40 年代，在今天已经成为中国社会研究的经典著作。

在充分调查研究乡土中国的基础上，20 世纪 40 年代后期，费孝通和一批知识分子就开始探索乡土重建。1948 年春，费孝通停下了"一向想做的实地研究工作"，打算"转变一个研究的方向，费几年读读中国历史"。抓住"皇权与绅权"这个主题，他与吴晗等六人一起探讨中国社会结构，于年底由上海观察社出版了合著的《皇权与绅权》一书。而最集中体现费孝通推动文化变迁和乡土重建思想的，是出版于 1948 年的《乡土重建》一书。该书辑录了费孝通先后在《大公报》《中国建设》等报刊发表的系列文章，由上海观察社集辑出版。他认为中国社会正面临农业文化"匮乏经济"向工业文化"丰裕经济"的变迁过程。过去传统的乡土中国，因为"不进步的技术限制了技术的进步，结果是技术的停顿。技术停顿和匮乏经济互为因果，一直维持了几千年的中国社会"。近代西方列强入侵，中国逐渐沦为半殖民地半封建国家，"反而因为和现代工业国家接触之后，更加穷困。在这生产力日降，生活程度日落的处境中，绝不会有'现代化'的希望的"。

费孝通认为，中国的过去和现在，乡村和都市（包括传统的市镇和现在的都会）是相克的。都市克乡村，乡村供奉都市，但"我们得从土地里长出乡土工业，在乡土工业长出民族工业"。他的结论是："一个工业落后的国家，政治程度较低的人民，很可能产生一个强有力的集权政府，用政治力量积聚资本，计划工业，等这经济基础安定之后，再讲从来没有享受的政治自由等一类在生活上比较了饥寒为次要的权利。如果这种国家能有这个机会不能不说是幸运，因为一个人民所不能控制的权力能为人民服务是一件奇迹。奇迹可以有，但不能视作当然，所以为了要保证一个权力不能不向人民服务，还得先由人民控制住这权力，这才是政治上的常轨。"这种政治远见令人吃惊。

20世纪30年代，费孝通就在《江村经济》一书中指出，中国农村发展难题的根儿在土地占有不均导致农民太穷，加上近代半殖民地经济导致农工相辅的传统被破坏。要从根本上解决农村发展问题，需要一个强有力的政府，而且是全心全意为人民服务的政府。中国人民很幸运，我们终于有了这个政府。在中国共产党领导下，1949年中华人民共和国成立，实现了"站起来"；紧接着改革开放40多年，实现了"富起来"；今天我们正在走向"强起来"的路上。具体来说，就是中华人民共和国的成立意味着推翻三座大山，脱离了半殖民地半封建这么一种境遇。之后，我们经历了近30年的计划经济，又经历了40多年的改革开放，今天又进入开创中国特色社会主义的新时代。

中华人民共和国的70多年，包含一个十分艰难曲折的社会文化变迁过程。从过去的封建地主土地所有制，经过土地改革，变成了农民的个体所有制；再经过集体化运动，通过人民公社的组织形式，土地又实现集体化。改革开放后,实施家庭联产承包责任制,再次"解放"农民,剩余劳动力开始自由流动,农民从温饱进入小康。进入新时代,党的十九大报告提出了乡村振兴战略,这是继社会主义新农村建设后再次推进农村发展的重大决策。一个核心思想是现有的承包制再延长30年,再就是"三权分置",把土地所有权、经营权和承包权分权而立,进一步从土地上解放农民,而且让土地成为农民发展的资源。现在各种新兴合作社在不断地发展。

中国计划经济的近30年,是不能不走的一条中国独有的工业化道路。它通过城乡分割、户口制度、以农促工、以乡保城,把有限的资金都集中统一使用,在一穷二白的基础上,初步发展了我们国家的工业化和城市化。改革开放之后的40多年,首先从农村改革开始,先解放农民人身,鼓励农民流动,把农民的积极性激发出来,再激发各种所有制和各个地方的积极性,中国经济社会得到高速发展。今天我们进入了第三个阶段,那就是从城乡分割、城乡流动到城乡一体化、城乡融合发展这么一个历史性的转折。长期以来,一说农村,就代表着贫穷、落后和愚昧。党提出"两个一百年"奋斗目标,第一个百年奋斗目标——全面建成小康社会,就是要消灭贫穷,让中国不再有"贫困县"概念,从而解决农村发展不平衡不充分的问题。

2013年的时候,习近平总书记提出一个概念,叫作"记得住乡愁"。何以记住乡愁?这就是在新农村建设的基础上,全面振兴乡村,从过去的从农村摄取人、财、物,到今天把人、财、物反馈回农村,不仅取消了2000多年的皇粮国税,结束了几千年国家财政主要靠农业税收来支撑的历史,而且开始全方位地反哺乡村。乡村振兴,让农村得到一个全面发展的机会。记住乡愁,表面上表达的是怎么去挽救衰败的农村,"绿水青山就是金山银山",我认为实质上就是推进城乡一体化建设,而十九大之后的城乡一体化进入了乡村振兴阶段,开启了城乡融合发展新的历史进程。与此相伴随的,是推进城乡治理体系和治理能力的现代化,千百年的"无讼"社会理想重新回归,一个宁静祥和的社会主义城乡共荣时代正在到来。历史总是走过否定之否定,实现螺旋式上升、波浪式前进的过程,一个建设美好乡村的新阶段正在到来。

在乡村振兴过程中,我认为只建设美丽乡村是不够的,一定要建设美好乡村。怎么建设美好乡村?四川省成都市围绕"城乡社区发展治理30条",加快构建"1+6+N"配套政策体系,涉及政府购买社会组织服务、社区专职工作者管理、社会企业发展、社会组织培育、社区专项资金改革等21个配套文件陆续出台,有序落地。全力推动"五大行动""七大攻坚",不断探索实践超大城市治理能力和治理体系现代化的创新路径,进一步形成全市上下联动、统筹推进、多元参与的社区发展治理格局。"成都市创新探索城乡社区发展治理新模式"荣获全国"2018民生示范工程"第一名。万人问卷调查显示,95.8%的受访群众认可高品质和谐宜居生活社区建设;96.6%的受访群众表示社区环境面貌发生可喜变化。"成都:构建城乡社区发展治理新机制"专题报道在中央电视台《新闻联播》播出。

成都市大邑县自2016年以来,以"无讼社区"建设为抓手,针对快速城镇化、市场化、工业化带来的社会矛盾,扩容"雪亮工程",建立电子大平台。在城乡社区的党建中心有形阵地基础上,建立"1+N"数字平台,以党建引领为核心,以调解社会矛盾为突破点,建立了人民调解、行政调解、司法调解、社会调解等多元调解方式,不能调解的矛盾则实行"诉调对接",立即通过数字平台进入法律程序;同时在平台上提供预约服务,将政府各个职能部门的工作制度化并下沉社区,根据群众需要定时定点到社区办公服务。形成社区网格员"随手调"、社区"1+N"调解平台"当场调"、政府各职能部门"呼应调"三级社会矛盾化解体系,将绝大多数矛盾化解在基层,化解在萌芽状态。

起始于大邑法院诉源治理而发展起来的"无讼社区"建设,其实是被发展中的突出矛盾和问题"倒逼"出来的。大邑和全国其他地方一样,伴随着快速的工业化城市化进程,各种社会矛盾剧增,"打官司"的人越来越多。2017年,大邑法院受理案件5195件,而员额法官仅28人,案多人少,工作压力大,法官累跑甚至累倒。大量的人民内部矛盾都"堵"在法院,占用了宝贵的政法资源,耗时耗力还耗钱,老百姓即使赢了官司,往往也会输了人情,矛盾未必得到彻底解决,有的还会埋下隐患酿成大案,因而成都市中级人民法院率先提出"诉源治理"。

如何贯彻习近平总书记"要深入推进社区治理创新,构建富有活力和效率的新型基层社会治理体系"的要求?大邑县城乡社区作为当代社会生活的支撑点和社会成员聚集点,商品房买卖纠纷、物业服务纠纷、建设工程施工纠纷、邻里纠纷等呈逐年上升态势,亟须从源头上预防和化解各类矛盾纠纷。"无讼社区"建设就是以自治增活力、以法治立规矩、以德治扬正气,最大限度地把制度优势转化为治理效能,倡导"和为贵"理念,主要针对民商事纠纷,本着当事人自愿的原则,人民调解前端介入,运用"诉调对接"方式,对调解结果进行司法确认,增加调解的权威性,达到"息争止讼"目的。

"无讼社区"建设，使党的政治引领作用落到了实处，更把人民的主体地位突显出来。我们调研时所到的各乡镇社区，都建有宽敞整洁、温馨舒适的社区服务中心，撤去了过去横亘在中间的服务柜台，开放式的服务大厅成为居民"家里的大客厅"。根据居民的兴趣和需要，设立专门的空间和时间，由社区、居民自组织、社会组织开展保健、健身、学习、党建、儿童保育等活动。如普遍实施的"四点半工程"，就是由政府出钱引进专职的幼教机构，针对在读儿童下课和家长下班的无缝衔接而设立的。给我印象最深的东岳花苑社区，是由6个村农民拆迁上楼组成的万人大社区，通过相关部门现场办公、党支部政治引领、群众自治组织建立、《无讼公约》制定、物业智慧化人性化服务，现在成为宜居和美的和谐社区。我们去那调研时正好赶上居民自编自演的高水平"村晚"，看到他们发自内心的笑容，"无讼社区"建设让农民迅速变成市民，更成为责权平衡的公民，真让人感慨万千。

"雪亮工程"本是一套电子监控体系，大邑县将其内容和形式大大扩充。一是在城乡社区、主要道路、山水要地都安装高清摄像头，使社区和全县基本情况尽在实况掌握之中，社区的人脸识别系统和一键报警功能，使大多数社区撤销了有形的门禁体系，将重点人和事的追踪都掌控于无形，大大降低了偷盗、抢劫、强奸等刑事案件的发案率。二是通过建立大数据和制度化的研判机制，县、乡镇、社区每周都定时分析通报，防患于未然。三是将这套体系通过不同级别的授权，让老百姓广泛参与，通过手机平台，老百姓可以随手拍、随手传信息于"雪亮工程"电子平台，形成人人参与的社会治安和社会服务网络，即使村民远在西藏打工，也可以通过手机观看所在社区现况，参与社区事务。

大邑县还充分利用有线电视网络，将各乡镇社区的宣传行政内容都广泛上传，如政务、村务、财务公开，重大工程项目的招投标，各级会议，相关政策法规，党建廉政，村民都可以看直播，也可查找下载，还可以提出建议，发表意见。而且打通电脑、手机、电视"三屏"，及时将政府管理和服务传达到千家万户，同时将群众意见及时上传到各级政府，真正做到了上下联通，人人参与。"法制大讲堂""举案说法""人民调解员培训""法律七进"等活动，极大促进了社会主义法治建设，公开、公正、公平的政务运转体系更推动了社会主义政治文明建设，老百姓的获得感、幸福感、安全感空前增强，城乡越来越富裕、祥和、宁静。

"无讼社区"建设近3年来，大邑法院的新收案件数由2016年的3877件增长到2018年的5945件，处于持续增长态势，社会矛盾和纠纷形势仍然严峻。3年来新收案件数增长了53%，年平均增长幅度为18.02%，其中2018年新收案件数增长幅度约为14.44%，同比增长率仍在两位数的高位范围，但增长幅度下降且远低于2017年33.93%的增长幅度。虽然全院新收案件数持续增长，但在"无讼社区"建设工作开展的重点领域呈现出两个下降趋势：一是刑事案件数量同比下降了23.65%；二是民事案件中，婚姻家庭案件、权属纠纷类案件分别同比下降了13.99%和21.64%。"无讼社区"建设的成效明显，但也任重道远。

改革只有进行时，没有完成时。随着中国现代化进程的快速跃进，推动中国特色社会主义社会治理体系和治理能力的现代化，是一项长期而艰巨的历史性任务。2019年1月15日至16日在北京召开的中央政法工作会议，习近平总书记强调，要善于把党的领导和我国社会主义制度优势转化为社会治理效能，完善党委领导、政府负责、社会协同、公众参与、法治保障的社会治理体制，打造共建共治共享的社会治理格局。大邑县通过政治、法治、自治、德治、智治"五治"综合发力，打造人人有责、人人尽责的社会治理共同体，就是推进社会主义治理体系和治理能力现代化的有益实践和积极探索。

回顾孔子两千多年前的"无讼"社会理想，结合费孝通先生在《乡土中国》一书中礼治秩序下的"无讼"，可以说从乡土本色的"无讼"，到现代化背景下的"无讼社区"建设，是植根于五千年文明厚土之上的螺旋式上升和更高层次的回归。特别是近代以来中国共产党率领全国各族人民，经历了"站起来""富起来"的艰苦奋斗，正迎来"强起来"的新时代。今天的"无讼社区"，就是在构建富强民主文明和谐美丽的社会主义现代化强国过程中，正在建设的美好中国的写照，是从乡土中国到乡土重建，再到城乡融合发展、共同繁荣的中国历史进程的必然趋势。

萧放：艺术乡建的内生性动力研究

（北京师范大学文学院教授）

首先特别感谢方李莉教授，给我这样一个学习的机会。昨天参观乡建成果展示的例子，特别受启发，也学习了很多。这些例子跟我以前的一些想法也有一些呼应的东西，我觉得是一个很好的体验。

我是学民俗学的，既不懂艺术，也不懂乡建，但我是从小在农村长大的，上大学之前都在乡村生活，对乡村生活是有感受的，对乡村的状态也很熟悉。而北师大从1950年以后，一直都有民俗学科，这个学科以前叫民间文学，后来叫民俗学（包含民间文学）。2015年民俗学科从北师大的文学院移到了新成立的社会学院。我们在社会学院下面建设民俗学的时候，跟在文学院下面建设民俗学的侧重点是不一样的。文学院可能更重视民俗的人文特性，到了社会学院之后，我们要跟社会学结合，所以强调民俗学的社会科学这一面。后来我们选择了一个结合点来调整方向。我们院长魏礼群先生，原为国务院研究室主任，他组织高端智库单位列了一个社会治理调查的项目，我们在全国东中西部选100个村庄做基层社会治理的调查。魏院长很强调这种基层社会治理的咨询报告作用，希望我们通过深入调查，了解乡村情况来给政府提供咨询。我们于2016年开始策划，2017年开始执行，今年（2019年）启动了20多个省份60多个村庄的调查工作，东、中、西部都有，从内蒙古、宁夏到海南都有我们调查的村庄。

民俗学科队伍人少，我们主要依靠三个圈层的力量：一是本院的教师作为核心；二是北京市的相关研究人员；三是外省市的研究人员。我们的参加人员有民俗学、人类学、社会学学者，还有民间文学的从业者，多学科的人都参与百村调查。我们根据村落的情况来设立主题，撰写咨询报告，最终完成十万字的主题调查报告，并给予每个村几万元的支持，未来计划出版相关成果。在调查过程中会有咨询报告产生，徐平教授讲到乡村基层社会治理、民间组织的作用、"三治合一"，让我想起去年（2018年）6月份我们在诸暨枫桥开了一个现场会，在魏院长的主持之下，一些专门研究的学者和领导一起研讨，我们起草了一个纪念枫桥经验55周年的总结报告。

我们做的这些工作，其实跟民俗学隔得比较远，但是民俗学和社会学的结合，是在探讨过程中实现的。我们有研究生态的，有研究扶贫的，有研究社会组织的，有研究传统文化的，队伍很庞大，人员多样，主题也多样。我们抓一个村作为样本，深入调查它，并总结和提炼。我们写论文，也写咨询报告，但没有像昨天看见的乡建艺术家那样去改变乡村，我们总觉得自己的能力不足以改变乡村的面貌，没有艺术家的艺术眼光，也没有企业家的资本，所以我们在深入调查完了以后，回报给乡村什么呢？其实民俗学也在实践、转型，我们想实践民俗学，我们行走田间，也想着能不能帮这些乡村一把。曾经有一个村特别好，就是浙江松阳平卿村，这个村是在一个山坡上，在公路的尽头，这个村的房子，远看是黄色的，就像一把打开的折扇一样，特别美好。然而走近一看，有些地方坍塌了，在家里的人也不多了。这里是国家保护的传统村落，我们很想帮这个村，因为它的传统文化很丰富。这里居然还保存着古代社祭的传统，每年要举行祭社仪式，祭社活动以四个年轻人为主。这个村的年轻人只有祭社之后，在村里才有地位，所以祭社类似于一个成年礼，每年有四个人轮流。村里有张、周两姓，他们共享这个祭社，但是各自还有祠堂，祠堂组织很完整。祭社仪式特别古老，这是一个特别有意思的文化现象，这么好的传统，能不能把它保持下去？村里年轻人也有人想让我们帮他们出点子，帮他们做这项工作，但关键是村里缺乏资金和能人。一个村就是一个很复杂的系统，看起来仪式很完整，向心力也有，但是村民之间小利益关系很多，也较复杂。我们是外来的第三方，跟他们没有任何利益关系，我们找他们一块来谈，都谈得很好，但是之后就是推不动。所以村落内部的内生性问题是非常重要的，如果有艺术家关注，或者有资本进入，可能会给这个村在发展方向上做一个很好的尝试。

我们也做了很深入的调查，他们的家谱等很多东西都是非常完整的。

还有一个村是东北的，这个村以前是俄罗斯人建立的，民俗学会的老会长，著名的非物质文化遗产专家和民俗学家刘魁立对这个村很感兴趣，他的团队于去年（2018年）1月份，冒着零下25摄氏度的寒冷前往考察。俄罗斯人在这里留下了很多房子，还有一些故事和传说，但是在20世纪60年代俄罗斯人全部离开了。刘魁立先生在日本学者20世纪30年代写的一本书中发现这一村庄，他就跑到俄罗斯去搜集材料。当时俄罗斯人生活的这个村庄应该是一个非常有意思的村庄，但是这个村我们去的时候非常荒凉，虽然自然环境很好，但是村里的人都是移民，移民来到这个村庄之后，没有一个共享的东西，也没有一套把他们凝聚起来的方式。这样一个村，怎么让它活动起来？我就想，这个村有传统，可以把历史勾连起来，把它变成一个很好的村庄。

我们当时想，能不能用乡村艺术的方式来凝聚村民？这个艺术的方式不仅仅是现在有形的美术的方式。我们是不是可以用无形的民间活动、民间艺术的方式，让这个村的人能够有一个沟通交流的机会，让这个村重新焕发生机？我就想，乡建过程中，内生性这个问题可能是非常重要的。

所以我有了一个简单的想法。"艺术乡建"这个词我不是很理解，这个词是新词，也是一个热词，但是对于民俗学研究者来说，是一个具有挑战性的词。艺术乡建是送艺术下乡吗？如果是送艺术下乡，我们要在乡村里面去满足城里人的乡愁吗？我们怎么样能够避免那种用外来艺术遮蔽乡村本土艺术的情况发生呢？

乡土的艺术重建，可能比艺术乡建这个词更好一些，因为乡土本身的艺术是在乡村这个特定的风土中孕育出来的。在这个环境中，大地上生产出来的艺术之花，它的生命力和生命的特性会更加凸显。我们将某些村变为雕塑村，或者是油画村，这看起来很光鲜，农村人觉得很稀奇，好像有欣赏的价值，但是没有方李莉老师说的乡村生活价值。乡村生活的复兴，乡村生活艺术的复兴，才是我们应该去追求的。台湾宜兰白米社区是一个成功的案例，我觉得比较有启发性。白米这个地方是一个矿区，矿山资源枯竭之后，地方萧条了。在当地出生的一位李姓小青年，不甘心自己家乡衰落，就辞掉城里的工作，回到白米，想把这个地方带动起来。他走访调查，发现这个地方在20世纪30年代的时候，曾经生产木屐，社区做木屐的老师傅还在，附近还有木屐生产所需的树木资源。后来他就把木屐作为这个社区营造的起点，建立生产基地和博物馆。木屐既是实用的生活用品，也变成旅游纪念产品。我去的时候，木屐博物馆就送给我一双小的木屐，木屐底下写着一个"福"字。这是非常好的利用本土资源做乡建或者是乡土艺术复兴的方式，所以我们应该重视乡土内生的力量。

还有一个成功案例是浙江高演村，这个村庄在山顶上。该村在清代读书人特别多，每出来一个读书人，就竖一根旗杆在村庄里面，从远处看就像筷子插在筷子筒里一样。这个村有读书的传统，虽然它离县城很远，没有公路去县城，但这个村成立了"崇学向善"民间基金会，由任姓乡贤带动重建这个乡村。然后村民自己还演了一个节目，叫《九人十中》，讲的是当地有九个人去参加科举考试，还有一个是帮他们挑行李的人，结果连挑行李的人都考中了，说明这个村读书的风气很浓。这是老百姓津津乐道的故事，村民据此编了一个小戏，这是今天艺术活化的一个非常好的例子，体现出村民有一种文化的自信。

乡土艺术建设不是用外来的艺术来贴合它，而是应该用融合的方式来进行。用什么样的艺术来融合，要看艺术样式自身特性。如何让外来的理念变成乡民的主动认知，转化为内生性的动力，需要乡建人的认真思考。也许我们满腔热情地送村民一串冰糖葫芦，但是人家认为不如后山的山楂好吃，所以我们只有做适应村民需要的工作，才能获得成效。

还有一个成功案例就是江西婺源篁岭，把农民的秋赛变成乡村艺术。

我们面对乡村文明，一定要谦卑，不要以艺术家的姿态送艺术下乡，更不要像艺术商人那样包装售卖乡村资源，那样不会有好的结果。只有保持谦卑和谨慎的姿态，才能让艺术乡建行稳致远。谢谢大家！

王廷信：山西河津艺术乡建中的传统坚守与时代气息
（中国传媒大学教授）

我发言的主题本是单纯谈山西省河津市的艺术乡建问题，但昨天看了展览之后有了一些新的感受，所以我在此把这两件事放在一起来跟大家汇报一下我的想法。我是2002年到东南大学工作的，因为东南大学没有戏曲专业，但有艺术学的学科，我就加入了艺术学的学科。这个学科给我们带来的好处就是拓展了我们的学科视野，可以让我们不仅仅关心原来研究的一些艺术门类，还可以将目光逐渐扩展到其他的艺术门类。

2006年中国艺术人类学学会成立的时候，我就是这个学会的理事，也是在方李莉老师的领导下开始关注艺术人类学这个学科。我感到这个学科最大的好处就是，可以促进我们把书斋研究跟社会变化有机结合起来，去思考艺术本身的一些问题。

我自己是山西河津人。河津市是位于山西南部的一个县级市，我发现这个县级市的传统艺术直到今天都保存得非常好。河津在山西省是一个经济比较发达的地区，各种资源也比较丰富，因此由一个县变成一个市。河津市曾是山西省唯一的一个"百强县"。在经济发展迅速、现代文明不断进入河津这个地界的情形下，河津的传统艺术形式并没发生太多变化，反而越来越兴盛了，尤其是蒲剧、小花戏及其他民间表演艺术，还有面塑、剪纸和陶艺等工艺美术。这是一个值得思考的现象。

根据我的观察，这是因为在山西省河津这个地方，政府对于当地的民间艺术没有太多的干预，民间艺术主要还是依靠老百姓，或者是民众自身的动力去发展。蒲剧到现在还有各种各样的演出形式，无论是电视台、剧场，还是各种各样庙会场合的表演，都是非常兴盛的。此外还有社火，社火可以上溯到春秋战国以及汉代的歌舞百戏。社火本身是中国传统的农耕社会普遍存在的以春祈秋报为纽带的歌舞表演，它是一种行进式的表演。我从小就看，这种表演在山西省河津的农村几乎没有断过。河津社火节目是很丰富的，既有锣鼓表演，又有高跷、秧歌、花棍、快板等，有八九种形式。每到即将过年的时候，当地村民都在期盼看元宵节的社火表演，他们也都积极参与进来。近几十年来社火的表演形式没有太多的变化，内容则随时代的变化而变化，但来自城市的艺术形式并未替代社火表演当中一些经典性的艺术形式。

河津当地的民间艺术为什么能够保存下来？我觉得主要是因为当地百姓的自发精神和自发力量。社火发展到今天，除了一些传统创作队伍和表演队伍，还有一些新兴的组织队伍。河津市有很多和社火、蒲剧表演相关的组织，包括一些民间公益组织。这些组织大多数情况下都不在政府体制内，而是民众自发建立的。政府对河津的这种民间艺术支持在哪里？一是每年大型活动的时候，给予一些内容指导；再就是负责安全保卫和宣传工作。

过去几十年，中国社会发生了很大的变化。如果我们把河津作为一个观察对象来思考传统艺术在当代社会的生存状态，我觉得河津的民间艺术当是一个非常典型的案例。这个案例体现了传统艺术在现代社会当中的一种存续力或叫作生命力。我认为，如果有过多的外在民间艺术力量的参与，或者是城市艺术的大面积渗入，那么这种艺术可能就会消失。所以这种案例是值得我们学者去思考，去继续观察的。

昨天看了方李莉老师策划的这个展览，我很有感慨。这个展览所展出的几个案例给我们的启示是什么呢？那就是城市的知识力量开始介入乡村建设，尤其是乡村艺术建设。河津这个案例和昨天展览的几个案例相比，有什么区别呢？区别就在于这么多年来没有城市知识分子直接干预河津当地的乡村艺术表演，主要都是依靠农民自身的力量。我们昨天看到了一些城市的艺术家、教授和其他知识分子，包括一些企业家介入到乡村艺术建设之后，"点燃"或者是激发了当地百姓对于自己所生存的文化环境和所创造的艺术形式的自信。当地农民有时候看不到自己所生存的环境和自己所创造的艺术价值，因为我们国家进入现代社会以后长期处在一个城乡二元系统中。我们生长在农村的孩子从小就向往城市生活，因为农村实在是太落后了。这种城乡二元系统的观念一直持续到现在。农村孩子考大学就是要进入城市。今天我们有了能力去关注农村，去重新布局城乡之间的关系，知识分子、艺术家、企业家对于乡村艺术建设的探索就十分可贵。他们进入农村以后跟农民一起来建设自己的家园，更多情况下是让农民发现自己所生存的环境价值，所做事情的价值，我觉得这一点是难能可贵的。乡村振兴到底是要振兴什么？如果农民对自己所生存的环境、所做的事情都没有信心了，乡村是振兴不起来的。虽然城市人口已经占到了中国人口的 50% 以上，但是让城市的人真正走入农村，还是非常困难的。到了今天，我们究竟是要建设城市人理想当中的乡村，还是乡村人理想当中的乡村？是要让城市去推动乡村建设，还是要让乡村人自身产生动力来建设自己的家园？我非常同意萧放老师讲的，乡村振兴过程当中，乡村艺术的建设过程当中，更多是让乡村能够产生内生动力，没有这种动力，单靠城市人的兴趣是不行的。城市人有时候有兴趣，进去了，没有兴趣就出来了，觉得好玩就进去了，不好玩就出来了，无法形成一种持续的动力。

  从昨天的展览来看，我发现这些艺术家和知识分子进入乡村之后，更多是怀着对当地或者在地文化的一种尊重，而不是强行把城市的艺术观念带入乡村。这种经验值得我们今后的乡村文化建设和乡村艺术建设借鉴。我们知道，乡村曾是一个非常贫困的地方，但是乡村人的智慧是城市人不可替代的。如果我们把城市的现代生活方式强行带入中国目前的乡村，我觉得是对中国乡村文化富矿的破坏。我们在乡村建设，尤其是乡村艺术建设的过程当中，更多是应该尊重乡村的文化生态、乡村的自然生态，让乡村人能够产生内生动力自觉建设好自己的家园，建设他们自己理想中的家园，这样才能让乡村变得更加美丽。用城市的理念强行改变乡村将是一条不归之路。

色音：挖掘民俗旅游资源，助推草原乡村建设
——以苏泊罕草原民俗旅游为例

（中国社会科学院民族学与人类学研究所民族文化研究室主任、研究员）

民族地区的文化产业发展，在党的十八大以来有了长足的进步。在党的十九大报告中，习近平总书记在国家层面上更加明确地提出了乡村振兴的发展战略，中国美丽乡村建设的一幅宏伟蓝图非常清晰而动人地展现在了新时代新农村的画卷上。新时期民族地区制定了村落建设与发展的战略规划，并从理论指导与实践应用方面出台了系统完善的目标任务和政策法规，这将成为进一步深化改革开放的重要标志，成为中国广大农村全面脱贫致富奔小康的重要依据。内蒙古是我国第一个成立的少数民族自治区，本文所探讨的是内蒙古鄂尔多斯市伊金霍洛旗的一个牧业村落——苏泊罕六社在改革开放以来，特别是近几年通过发展文化旅游，整村脱贫致富，实现小康生活的情况。

一、旅游改变一个马背村落

苏泊罕，蒙古语，也译作"苏布尔嘎"，为"白塔"之意。苏泊罕是鄂尔多斯一个典型的牧业村落，千百年来以牧业为主，中华人民共和国成立前一直沿用游牧方式，中华人民共和国成立后转为定居放

牧，2000年以后内蒙古为恢复草原生态，施行禁牧和退牧还草政策，苏泊罕作为纯牧业地区，政府结合实际情况采取了以草定畜的地方性政策，这里的牧民开始以少量养羊，间以种田为生，2010年前后地方政府鼓励牧民弃乡进城，全面施行优惠政策，整体移民搬迁。苏泊罕的牧民，就在这个阶段发生了巨大改变。

苏泊罕草原，约153平方千米，共有8个社，其中苏泊罕六社的草原面积约占三分之一，草原品质优良，观赏功能极强，易于为旅游产业所利用，2009年伊金霍洛旗引进当地大型文化旅游集团在苏泊罕六社规划建设旅游项目，2012年正式开业。6年的时间里，苏泊罕大草原游牧文化旅游景区已经成为内蒙古著名的草原文化旅游景区、鄂尔多斯游牧草原文化活态博物馆、鄂尔多斯市非物质文化遗产传承保护示范基地、自治区文化产业示范基地、国家4A级旅游景区。苏泊罕大草原，通过发展文化旅游产业，已经成为鄂尔多斯乃至内蒙古一个亮丽的游牧草原文化旅游品牌。由此，也成为内蒙古草原上文化旅游产业带动整村脱贫致富的一个典型案例。

苏泊罕大草原，有着深厚的历史和民族文化底蕴。苏泊罕是成吉思汗征服西夏大军整军闲马的重要地区，是成吉思汗神圣的苏勒德龙年祭祀首站和巡游出发地，是伊克昭盟352年历史上七旗会盟之地，是伊克昭盟官敖包所在地，是伊克昭盟七旗札萨克敖包的派牛地，是伊克昭盟盟歌《道劳岱山后坡》诞生地，是清代至民国早期伊克昭盟政治军事文化中心，是鄂尔多斯保留13世纪游牧传统文化礼仪习俗最集中的地区。苏泊罕草原是内蒙古草原上少有的草原自然景观与游牧人文风情文化旅游资源如此丰富多彩的地区。

作为苏泊罕草原上的一个村落，苏泊罕六社是这片草原上景观最美、人文历史和民族风情最具风采的宝地，自 2009 年以来，苏泊罕草原成为由政府政策性支持发展、企业市场化投资运营、当地牧民群众深度参与、国内外游客观光休闲体验的文化旅游项目。对此，我们从苏泊罕旅游发展前后状况进行对比分析，可以发现其中非常大的变化：

第一，人口变化。在发展草原旅游之前，共有牧民原住户 18 户，户籍人口 87 人，实际常住人口 51 人。在发展草原旅游之后，住户发展为 32 户，其中蒙古族 28 户，汉族 4 户。实际人口为 112 人，其中蒙古族人口 99 人，汉族人口 13 人，蒙古族占绝大多数。现在，村社住户增加了 14 户，人口增加了 25 人，其中出外打工回流 24 人，上学回乡 6 人，旅游景区就业常驻 180 人，旺季旅游景区就业常驻 320 人，其中当地农牧民占到景区就业人数的 38%。分析人口变化，不难看出，在草原旅游发展前后人口增加达 50% 以上，回流人口比例较大，占到常住人口增加数的 50% 以上，特别是上学回流的情况非常普遍，占到出外上学人数的 80% 以上，旅游景区就业人数比原常住人口增加 6 倍之多，仅仅从人口变化即反映出苏泊罕发展草原旅游前后发生了极大的变化。

第二，养殖种植变化。在发展草原旅游之前，全社养羊总数约 2100 只、养牛 210 头，养马的只有两户，共养有 72 匹马，因为在大集体时期这两户的主人一直是为大队放马，所以有非常深厚的养马情结。在发展草原旅游之后，养羊总数 600 余只，减少约 1500 只，但是羊的年周转率大幅提升，年出栏达 400 余只；养牛总数 62 头，销售和消费达到 23 头；2018 年 7 月末总计养马 237 匹，不包括 2017 年销售的 87 匹，马匹全部服务于旅游产业的游客骑乘和草原观光。

草原旅游发展之前全村种地总数 350 多亩，现在种地仅为约 120 亩，大多数人家已经不再种地。通过牛羊养殖数量下降，农田种植面积减少，养马数量增加，非常清楚地看出牧民大多数已经不在养殖种植方面发力，不完全依靠农牧业收入，旅游产业已经成为他们主要生产生活方式和经济收入来源。

第三，商业贸易变化。发展草原旅游之前，这里没有从事商业的人员，没有商品销售的场所，无任何商业氛围，牧民生产的一切产品，靠的是外来流动商贩上门收购，价格决定权完全掌握在他人手中，在 10 年前如果有人进村谈生意，好多人都羞于谈价，甚至以手捂脸而觉不齿。而自己的生活消费，虽然有了一定的时代性需求，如购买电器等，也是远远落后于城市的消费水平，总体上仍然维持传统的基本生活所需。这是一个纯粹的蒙古文化传统村落，同时也是一个非常封闭的游牧与农耕结合的区域性小村落；在发展草原旅游之后，这里紧跟时代的发展，商业观念上与城镇居民的差距越来越小，特别是物流业迅速发展，给远在牧区的牧民也带来了现代商业产品消费的便捷，他们不仅享受着旅游产业的红利，也享受着现代商业手段的优越条件。

第四，组织方式变化。苏泊罕六社的文化旅游产业是以企业投资为主体、牧民在旅游产业中间介入的方式运作的，在景区岗位就业的基础上，牧民更多的是参与多种形式的产业活动，其中拉马（游客骑马）是最主要的一个旅游项目之一。对于拉马的管理，如果仅仅靠企业，既有漏洞又有矛盾，于是，企业出面做牧民的工作，说服牧民组织成立合作社，从最初的虚拟组织，发展成为法人机构，严格按照企业管理的办法让牧民们自己管理拉马活动，与企业形成了非常好的配合。由此，不仅拉马活动的管理在这个组织里，涉及牧民与企业的产业活动统统纳入了合作社管理的范畴，诸如村落牧民就业安排、企业购买牧民牛羊的顺序调剂等都是合作社进行统筹计划，企业只对接合作社，双方的互动成为企业与企业之间的商业行为，不再对牧民个体进行管理，这样就极大地有利于村落整体发展和旅游景区的全面发展。

第五，生活水平变化。在草原旅游发展之前，苏泊罕六社是整个苏泊罕嘎查8个社中牧民生活水平最低的一个社，2009年人均收入只有5100元，牧民主要依靠售卖羊绒羊毛和牛羊肉获得季节性的收入，几乎没有其他商业性收入。草原旅游发展之后，牧民收入逐年大幅增加，2012年牧民收入在旅游开业当年就提高到15000多元，至2017年人均收入达到21700元，其中旅游收入达到16700多元，而在景区上班、拉马、开饭馆、租赁草原等收入占到全年人均总收入的75%以上，其余的牧业和农业产品收入不足25%。如果按照户均4口人计算，每户收入在8万元以上，事实上有半数以上家庭收入都在10万元以上。

在收入增加的情况下，苏泊罕六社牧民住房全部得到改善，牧民全部住上了水泥砖石结构的平房院落，牲畜圈棚也全部改造成水泥砖石结构，门窗全部为铝塑钢新型结构，政府在2015年"十个全覆盖"建设过程中，把牧民家正门改造成具有民族特色的门厅，在房屋外立面进行了民族图案的装饰。家庭中家用电器近几年全部得到更新，手机、电脑全部普及，每家至少一部小车，大多数人家还有一部皮卡车。

苏泊罕六社的牧民在旅游旺季的半年中就获得了全年绝大多数的收入，在忙完这一季后，年轻一点的牧民不仅要到城里过一段城市生活,有时候还到国内外旅游地参观,接触更大的世界。而大多数的中老年牧民有时候也要到城里待一段时间,走亲访友,享受城市化的新生活,其实更多的时间是待在家中安逸地生活着,回归到了传统的生活状态,重新过起了草原上属于自己的真正的牧民生活,特别是在婚丧嫁娶与逢年过节的重要活动中,又回到了游牧人集体聚会娱乐的氛围中,所有的礼俗仪式、所有的美食美酒、所有的歌舞竞技,在这个季节都以传统的方式尽展无余。

第六,生活观念变化。在发展草原旅游之前,苏泊罕的牧民基本上是以千百年来的传统生活方式为标准,举一个例子,苏泊罕六社的牧民在旅游业兴起之前没有一户家门上锁,都是在院门和家门挂一个闩来闩门,以防牛羊入院入户损坏捣乱,这里在发展草原旅游之前,是一个相当闭塞的村落。在旅游业兴起之后,牧民通过长年累月与外来的游客接触,受影响非常大,在悄无声息中改变着自己,改变着传统思想观念,改变着传统生活方式,他们对时代大潮中的新生事物跟得越来越紧,从某种意义上来讲,他们的对外视野远远大于普通城市居民与外界的联系和接触,他们在生活方面既享受着新型社会的成果,同时又享受着传统游牧草原的物质、文化和生活方式,成为这个时代最幸福的人群。

第七,草原景观回归自然。苏泊罕草原虽然非常美丽,但在草原划分到户之后,30多年来被每一户围在了铁丝网内,形成了一片片零散碎片化的草原,牛马羊群被圈在了不可驰骋、不可逾越的草场里,牧人也没有了往日出行的骑乘自由,这样的严重后果是,长此以往草原的草质退化,牲畜体质下降,草原失去了历史上的传统面貌。这种局面在2012年以后发生了改变,在企业与牧民的共同努力下,在旗政府的同意与支持下，50平方千米范围内的围栏全部拆除了，形成50平方千米无阻拦、无障碍的草原，让草原重回历史旧貌，重回自然状态，草原景观更美了，草原上的骏马也可以重新驰骋在辽阔的草原上了，草原上的牧人也可以在马背上继续追忆蒙古民族的雄风和豪情了，草原上的游牧风情更加吸引着国内外的游客流连忘返了。

苏泊罕的变化，是实实在在的变化，而变化的关键是文化旅游产业的兴起和发展；苏泊罕的变化得益于在全面开展移民搬迁的浪潮来临之际，恰逢企业投资开展旅游项目建设和及时开业运营。这个过程中企业并没有采用惯常的方式让当地村民全部搬迁出去，而是将苏泊罕六社的牧民全部留下来，在原乡原地从事全新的旅游工作，合作社与旅游景区密切协作，牧民全部被优先安排在了旅游景区的各种岗位，有些项目又由牧民们自主经营，进而实现了苏泊罕六社持续稳定的整村百分之百就业，苏泊罕的文化旅游发展使当地牧民实现了产业兴村、旅游富民，跟着旅游发展也让草原上的牧民们文化观念和发展理念发生了深刻转变。

二、苏泊罕文化产业的特征

（一）整村推进共同富裕

其实伊金霍洛旗政府引进企业的初心，就是以企业为龙头建设苏泊罕大草原旅游景区，以景区旅游带动地方牧民就业，使牧民的生活依靠旅游得到一定的改变和改善，使牧区得到进一步稳定发展。事实上苏泊罕旅游远远超出了原来的预期，在文化旅游产业的发展中苏泊罕六社牧民真正富了起来，生活水平极大提高，在牧民个人富裕的同时还有一个特点，就是这里的牧民不是一家一户富裕了，而是全社的所有人都富裕了起来，在致富奔小康的道路上实现了共同富裕、一个不落的愿望和目标。

（二）传统与现代相融合

文化旅游产业是对地区间历史文化与民族文化资源的整合利用，是对自然与人文资源的理念和实践上的创新性提炼升华，也就是将传统的历史与民族文化在现代化、信息化、科技化的旅游平台上进行时空对话，产生出既有传统也具现代特征的旅游项目。苏泊罕大草原旅游景区的项目开发在尊重民族文化特征、不违背历史文化传统的基础上，创新性地开发出各种各样极具民族特色的旅游观光、旅游娱乐、旅游体验、旅游度假产品，实现了"三好"旅游，即"好玩、好看、好做"，达到了传统与现代融合发展的目的。

（三）政企牧客四方共赢

苏泊罕文化旅游产业达到了"政企牧客，四方共赢"的局面，即政府、企业、牧民和游客共同受益，合作共赢。苏泊罕大草原旅游景区是企业投资项目，在一般情况下来讲，企业在与政府签订的协议条款上必然要强调旅游区范围内居民的搬迁移民，在这样的背景下，苏泊罕旅游投资企业没有采用移民方式，对旅游景区实行清空当地牧民的办法，以减少所谓的"障碍与阻力"，反而将当地牧民作为产业合作伙伴、作为草原上的灵魂守护者，在一起共事共业，共同推进苏泊罕草原文化旅游，收到了事半功倍的效果。在苏泊罕文化旅游发展的整个过程中，牧民影响旅游的事、政府懒政不为的事、企业欺民诈民的事几乎没有发生过。这样的旅游环境，造就了文化旅游正能量的倍增，产生了良好的口碑效应，旅游项目的观光体验度、各地游客的游览满意度、旅游景区的品牌知名度极大提升，在国内游牧草原文化旅游界具有较大的品牌影响力。

（四）产业示范带动发展

苏泊罕旅游的产业示范效应表现在三个方面：第一，苏泊罕旅游紧紧抓住"游牧+草原"的主题不放，这样就极大地突出了草原自然景观的特征，更为重要的是充分发挥出了牧民的游牧民族民俗文化的优势，让旅游在静态草原景色的蓝图上，由游牧文化的拥有者在马背上为旅游者演绎出"活态博物馆"最精美的画卷。第二，对草原生态平衡的示范效应，是苏泊罕草原旅游发展始终坚守的底线，为此，旅游企业租用了50平方千米的广阔草原，打通了草原上的所有障碍与阻隔，让草质草种在马蹄之下到达和谐平衡，使草原在千百年来的骏马驰骋中恢复传统景观。第三，苏泊罕六社由过去最落后贫穷的一个社，一跃而成为草原上最让人羡慕的村落，由此，苏泊罕旅游企业与政府已经开始协力发展整个苏泊罕153平方千米草原的旅游项目，现在已经修建完成了草原外环旅游专线道路，将三分之二的草原居民与村落纳入旅游发展范围。同时依托旅游景区和苏布尔嘎寺庙两个核心区域，这几年已经带动了区位较好的牧民家庭开展"牧家乐"旅游接待；并且在鄂尔多斯婚礼文化节和成吉思汗"珠拉格"那达慕等大型节庆活动的带动下，越来越多的当地游客与外地游客蜂拥而至。苏泊罕文化旅游发展也带动了牧民走上富裕之路。

三、草原文化面临新问题

当然，任何事物在发展中都会有各种各样的问题存在。旅游业是双刃剑，确实带动当地的发展，但同时也有负面的影响，特别是民族地区和少数民族集中居住的地区，都会有诸多问题出现。苏泊罕大草原旅游景区在建设中也经历过一系列的问题和矛盾。现在，虽然牧民受益了，但是在文化观念与传统习俗中、在旅游发展与保守习惯中、在暂时效益与长远利益中、在商品经济与传统产业中、在草原利用与生态保护中依然有着这样那样的矛盾，存在着许许多多需要解决的问题。不过，苏泊罕六社的牧民已经充分认识到了发展文化旅游的重要性，在大的原则上始终与旅游发展同行同步，在具体的问题上也能够坐在一起、说到一块，主动寻找出路，共同探讨解决问题的办法。加之国家和地方政府在经济社会方面大力度的转型发展、对文化旅游产业前所未有的支持，以及我国旅游业方兴未艾的发展势头，使文化旅游产业前景广阔，苏泊罕的游牧草原文化特色旅游也将在这一大背景下蓬勃发展。

四、马背旅游奔向未来

我们所的所长主持了一个国家社科基金特别委托项目，叫"21世纪中国少数民族地区经济社会发展综合调查"，其中我负责这个旗的课题。在调查过程中，当地人说他们在苏泊罕地区开发了一个旅游项目，希望我们去考察一下，2013年的时候，我们去看了。这个旅游项目于2012年开业，地址选在清代伊克昭盟七个旗的会盟地，但当地的历史传统基本断裂了。旅游公司的人看大草原景观非常美丽，也是非常重要的历史空间，他们就重建了一些会盟地的建筑，挖掘历史文化，发展旅游业。当时规模不是很大，但是经过六七年的发展，现在已经成为国家 4A 级旅游景区，发展得非常快。

几年之内苏泊罕六社被打造成一个国家 4A 级旅游景区，同时也成为目前在内蒙古被宣传的一个草原文化旅游产业带动整村脱贫致富的典型案例，带动当地牧民在各个方面发生了非常大的变化。苏泊罕六社是一个村落，很小的村落，从旅游业发展以来得到了政策性的支持发展、企业市场化投资运营、当地牧民群众深度参与，也得到了旅游开发项目当中的一些红利，所以他们在旅游业发展后发生了非常大的变化。

激情苏泊罕，浪漫大草原。党的十八大以来，正值苏泊罕旅游兴起之际，特别是党的十九大提出实施乡村振兴战略，为国家文化产业指引了正确的航向，让苏泊罕的牧人如沐春风，在文化旅游产业的道路上更加明确了发展方向和目标，在致富奔小康的道路上更加豪迈地阔步前进。

如今，苏泊罕辽阔美丽的大草原与神奇迷人的游牧文化，正以"七旗会盟"的主人之约，上演着国家级非遗"鄂尔多斯婚礼"的草原实景画卷、传颂着成吉思汗宫廷"诈马盛宴"的美名、讲述着阿冬谷里神马湖的诱人故事、诉说着道劳岱山上历史长河中飘落过的美不胜收的点点滴滴；如今，苏泊罕大草原秉承成吉思汗文化精髓，传承蒙古民族马背文化精神，在游牧草原文化旅游的平台上正以文化旅游激发全新的动能，以产业发展焕发全新的生活，以生态环境装扮全新的草原，以文化旅游构建全新的风貌，苏泊罕的文化旅游为草原插上了新时代更加坚实而神奇的翅膀，乘着浩荡东风飞驰向更加灿烂辉煌的明天！

邢莉：泾川的西王母文化与当地的公共文化建设

（中央民族大学教授）

位于我国甘肃东部平凉地区的泾川县，在周代被称为"义渠"之地，为古代西戎活动的地域。学术界认为西王母为女性始祖神或者是先妣，具有始祖母的神格。泾川具有西王母文化的深厚积淀，当今的西王母信俗被评为"国家级非物质文化遗产"。

经过 2014 年和 2015 年的两次调查，我们发现泾川文化传统表现在：1. 遗存了大量有关西王母文化的碑刻，其中宋代《重修回山王母宫颂碑》、元代《重修王母宫碑》、明代《重修王母宫记碑》最为著名。根据《泾川志》等志书记载和碑文的对照，西王母庙会自宋代延续至今，已经有 1000 多年的历史。2. 泾川博物馆现存有清光绪年间《共成善果》图册，此图册描绘当时的王母宫具有 108 座庙的规模，并记录了庙会的盛况及庙宇在清同治年间毁于战火的史实。3. 除上述的碑文和《共成善果》图册之外，平凉的考古学家考证了残存的汉瓦和历代庙宇残留的建筑构件，又据《汉书·武帝纪》记载，汉武帝曾亲临泾川，并登附近的道教圣地崆峒山，《共成善果》图册记载汉代就有西王母庙。泾川民间流传着大量的关于西王母和与泾川的山水人文有关的故事传说，并且其周边地区有 260 多座女神庙，这层层的累积成为西王母信仰的土壤。

由于民众及当地文化精英的推动，以及多个民间信仰团体对于泾川"西王母祖庙"的认可和朝拜，毁于清代同治年间的王母宫于 1994 年在西汉元丰年间始建的王母宫遗址上重建竣工，并逐渐恢复了由东王公殿、三皇五帝殿、三清殿、瑶池金母殿等多个建筑组成的建筑群。在"文革"时期断裂的历史传统——西王母庙会目前已经恢复了20余年。

一、泾川西王母庙会民间信仰的问卷调查

西王母庙会的文化空间是位于泾川县回山上的王母宫,回山呈金字塔形,为泾川的母亲河——泾河和汭河的交汇处。泾川西王母庙会的会期,一是农历三月二十日,二是王母娘娘的生日——农历七月十八日,这两个日子是从宋代流传的民众认为的"好日子",用学术化语言说,这是一个"神圣"的时间。在参加庙会期间,我们看到,是时人们沿着山路从四面八方聚拢过来,特别是农历三月二十日,上香的人互相簇拥,扶老携幼,人山人海。参加的人以泾川县及周边地域的民众为主,也有从外地如兰州、陕西、山西赶来的民众。其中包括农民、泾川县城的居民,有工人、学生,也有从事商业、教育、服务业等各行各业的人。据粗略统计,来参加庙会的主要是泾川、灵台、平凉、华亭、崇信、镇远、长武、天水、庆阳、西峰、彬州等地的民众,还有宝鸡、西安、兰州、银川、西宁及陕西、山西的其他地区的民众。参加庙会的民众有6万至7万人。当地民众朝拜西王母的行为方式主要有:

叩拜礼仪。先上香,然后叩拜。在人群中有长跪不起的,可见其有深深的祈愿。

披红被面。在西王母庙会上,民众还买大红色的被面,把红被面递到执殿人的手里,执殿人恭敬地把红被面披到西王母的塑像上,这是当地的一个习俗。

上布施。每个祭祀西王母的民众都在功德箱里放些布施，少则3元、5元，多则10元、20元不等。执殿人清楚地记下了布施人所放的布施。庙会上执殿人员将红布条拴在信众的臂膀或者脖颈上，名曰"拴红"。红色有辟邪消灾的寓意，也寄予了荡秽祈福的祝福。

购买平安符。在王母宫大殿和东王公大殿的门口，香案上一侧摆放有"平安符"（印制的红布条）。一些信众在施功德之后主动要求戴一条，系在胳膊上或戴在身上以期保平安。

做仪式。在王母宫大殿前，有的民众要求做仪式，其中包括许愿还愿仪式、求子仪式、上表仪式等。要求做仪式的只是一部分上香的民众，他们一般有特别的愿望诉求。

在问卷调查中，调研组共设计了10个问题，主要针对西王母的信仰状况。本次调查共发放问卷60份，采用现场采访的方法，回收率为100%。

（一）民众对西王母的称谓

在"你知道的王母称谓是什么"的问题中，"王母娘娘"这一称谓在当地的认知度最高，达到100%。"西王母"的称谓在当地也有一定的认知度，并位居第二，占总人数的72%。在预设的"西华王母""王母娘娘""西王母""西王神母""西王圣母""王母女神""金母""母娘"与"老母"9个王母称谓中，"西华王母"的认知度最低，仅占受访人数的15%，甚至不及"其他"项目。"其他"项目要求受访者指出"其他"的具体称谓。从调研中发现，还有人将"西王母"称为"神母娘娘""娘娘""神母""圣母""王母"。

西王母称谓问卷还统计了来到这里朝拜的台湾碧瑶宫的同胞，他们大都称西王母为"母娘"。在访谈中，我们得到了一个地方口语称谓，即民间称西王母为"老人家"。当地的发音是"laoerjia"，其中"老"字拉得较长。当地的民众称呼家中老人和受到尊敬的前辈为"老儿家"。可见各地民众对于西王母的称呼大同小异，其核心词都是"母"和"娘"。

（二）民众参加庙会的组织形式

从调查数据来看，55.6%的信众选择与自己的亲属一起朝拜西王母。选择家里两代人或者祖孙三代一起来的占绝对优势。38.9%的信众选择与朋友、同事、老乡一起来。选择群体来朝拜的，一部分是年轻人，一部分是来自泾川县城周边农村50岁以上的中老年女性。50岁以上的中老年女性群体是崇信西王母的中坚力量。另有约6%的信众选择自己独自上山参拜。我们看到一个40岁左右的腿有残疾的男士，他婉言拒绝了我们用汽车带他一程的邀请，拄着拐杖，一步一步踏上了盘旋的山路。我们来不及问他的姓名和经历，但是那毅然的身影刻印在朝拜的道路上。

（三）民众参加庙会的年龄结构

调查数据显示，41~50岁和61~70岁这两个年龄段的信众分别占到了信众总数的28%和22%。两者加起来，占一半的比例。而从性别角度说，在这两个群体中，女性占的比例大些。参加庙会是她们生活的重要组成部分和精神需求。21~40岁的青壮年占了信众总数的28%，调查中看到有相当比例的高中生求学业进步的案例。

（四）关于西王母庙会民间信仰的调查

参加庙会的民众由于年龄、性别、职业、所受教育的程度、居住的远近等方面不同而对于西王母信仰存在一定的差异性，为了解当前泾川西王母信仰的状况，我们设置了"崇信""随大流""半信"和"不信"四种选择。调查结果显示,有61%的民众表示对西王母是虔诚的信仰;28%的人表示,对西王母的拜谒是随大流;其余11%的人则是不信和半信,各占一半。总括起来前两项占89%。可以看出,西王母信俗在泾川有广泛的群众基础。西王母的传说、灵验故事等在泾川广为流传,这表现出西王母信俗文化心态基础的深厚,是西王母庙会传承的动力,同时也显示了作为非物质文化遗产的泾川西王母信俗在当下的时空环境中的整体状态。

(五)关于在庙会上许愿还愿仪式的整体分析

民间庙会是民众生活的重要组成部分。在泾川的西王母庙会上,许愿还愿仪式承载了民众对生活的愿望和诉求。在复杂的自然生态环境和社会关系中生活的人们,往往通过在庙会上朝拜许愿来表达与寄托自己在现实生活中的需求,根据现场的参与观察,我们将民众的愿望分为10个栏目:1.求平安;2.求财;3.求长寿;4.求子;5.求富;6.求治病;7.求学业;8.求丢失的人和物品;9.希望运气好;10.其他。第一项求平安的占总数的42%。访谈时,他们回答求平安就是求国家的安定、家庭的安定,总之国泰民安是主旨。第二项求财占了23%。求财求富是民众生活中最真诚、最切实的愿望。在现代的价值取向下,求财之势愈来愈热。此外,求学业、求治病和求子各占总数的8%。其他诸如工作顺利、家庭和睦等更加具体的祈愿也占了8%。

伴随着民众的生活需求,泾川人对于西王母的信仰已经从历史的传统走到了现代,在当今社会生活中传承。民间信仰是一种独立的文化,它具有本土深厚的信仰传统,它是由民间的风土人情、风俗习惯、思维方式和道德观念所组成的,这种钟敬文先生所说的"农民文化""口头文化"所显示出来的中华民族的宝贵财富在泾川表现出持续的生命力。

二、泾川民间的集体朝拜仪式案例

民间社团的集体朝拜和道教仪式协同举行是西王母庙会民间信仰的表现方式。民间的集体朝拜仪式包括奠酒仪式、仙鹤舞的展演、关公点红等。在此只举奠酒仪式一例。

当地的民俗学家张学俊说:"'奠酒'就是对西王母的祭奠。我认为是传承下来的,应该有年头了。我快 80 岁了,中华人民共和国成立前就看过。"民众会扮成民间信仰的各位神仙,其中主要包括天官、黑虎、灵官、八仙、药王、刘海等,有时还有送子观音、魁星上场。民间组织的会长通过集体跪拜接神、叩拜跪香、焚表、放爆竹、奏乐等把天上的神仙"迎接"到人间。这是一支由民俗文化爱好者自发组织起来的队伍,会员多为退休老人,以自愿为主。这次来西王母庙会的队伍由 26 人组成。

队伍的最前端是"西王母故里民俗文化演唱团"的横幅,紧接着是仪仗队。仪仗队最前面是印有鲜明图案的龙凤旗,龙凤旗后面是五颜六色的彩旗,仪仗队后面跟的是春官[①]。他们敲打的鼓叫"社火鼓",也称"老鼓""春官鼓"。击鼓的人受春官指挥,前面的春官以扇子为信号,扇子一指,他们就开始打鼓。在震天的锣鼓声和鞭炮声中,这支队伍以夺人的气势来到了王母殿前。此时,西王母殿前执殿的民间

---

① 春官为古官名,颛顼氏时的五官之一,见贾公彦《〈周礼正义〉序》引《左传·昭公十七年》汉代服虔注。也为《周礼》六官之一。《周礼》分设天、地、春、夏、秋、冬六官,春官以大宗伯为长官,掌理礼制、祭祀、历法等事。所属有肆师、大司乐、大祝、大史等官。

组织负责人乔会长站起拱手迎接，带队人恭敬还礼。他们祭拜西王母的仪式是：1.鸣鞭炮而进；2.鸣鼓奏乐；3.敬香；4.焚表。

春官向西王母上香，颂扬西王母的大功大德："吾当法旨泾川五水八镇众民和社人等大的无灾，小的无难，凶煞远离，喜神早见，四方平安，八面太平，狼来锁口，贼来迷性，空手出门，包财回家，一籽落地，万粒归仓，六畜兴旺，五谷丰登，人杰地灵，土能生金。"

西王母庙会上，春官逢人便说吉利话，见什么人说什么色彩的吉利话，这些吉利话是不重复的。春官脑筋灵活，口齿伶俐，声音洪亮，喜气洋洋，伴随着锣声、鼓声，给西王母庙会带来一片欢乐的气氛。其他角色也各自表达对于西王母的颂赞和国富民生的愿望。

在道教神仙体系中，西王母是天宫所有女仙首领，是道教神仙谱系中的重要角色，因此，道教科仪也是整个西王母庙会不可或缺的重要内容。呈现在庙会中的仪式是道教的斋醮科仪，通俗讲即是打醮。打醮是道教中重要的祭祷仪式，其原始意义主要在于祈求风调雨顺、国泰民安。西王母庙会有多种道教科仪式，包括：1.取水清坛仪式；2.预告请神仪式；3.行者告庙仪式；4.迎供仪式等。其仪式是由道士与信仰群体共同完成的。

三、台湾的朝圣者对泾川西王母的信仰

台湾的"瑶池金母信仰"在1949年前后在花莲兴起，以医疗治病、强身健体、消灾解厄为目的。据不完全统计，台湾目前的王母宫达数千家，有2000多个信仰西王母的团体。从20世纪50年代起，台湾信众就渴望到大陆来寻找西王母文化的祖根，捧一把大陆祖

庙的热土回到台湾是民间团体的最大愿望。在改革开放时期，台北松山慈惠堂、台北瑶池宫、台湾三重长生街凤德玉宝殿等近百个民间组织朝圣团来到泾川。台湾中华道教文化团体联合总会理事长吴光辉先生向台湾各西王母信仰地宫庙发出题目为《甘肃泾川是西王母文化的发祥地》的专文，文章说："今溯其源，窥知今甘肃泾川回山乃为西王母圣地，泾川回山处在古西王母部族生息之地——回山中部，回山上遗存的是西王母宫而非西王母庙。故回山王母宫实为一特殊的重要遗存。"松山慈惠堂的堂主郭叶子女士说："海峡两岸，原本一根，这次我们不辞远道，千里寻根，在陇东高原突遇大雪，路滑车阻，但没有一个人动摇寻根访祖的决心。今天我们看到圣母塑像这么漂亮，大殿建得这么雄伟，我们十分感动。"台湾有近400个民间团体参加了改革开放后恢复的西王母庙会。在泾川回山祖庙的102根柱子上，有29块碑刻、4块匾额，基座高1.1米的2只香炉上铭刻着海峡彼岸支持泾川王母宫修复的印记，其中包括台北松山慈惠堂、三重凤德玉宝殿以及台北、台东、台中、台南、高雄、嘉义、三重、彰化、新店、南投、新竹、宜兰、桃园、屏东、苗栗、新庄、云林、汐止、基隆、凤山、中和、大里、丰原等市县的1000多个信仰西王母的团体的名字。

台湾信仰西王母的有不同阶层、不同年龄、不同职业的人群，有教师、企业家、公司员工、学生，他们都有相当高的文化程度。对母娘的信仰使得他们聚集在一起，飞往泾川。通过参与观察和访谈，我们发现台湾信众对于母娘的祭拜有以下仪式：

会灵。会灵就是与母娘会合、沟通和交流。

打坐。打坐就是在母娘的塑像前静坐。打坐是要调气，讲究时辰，一般子、午、戌、酉四个时辰，也就是指 23 点至 1 点、11 点至 13 点、19 点至 21 点、17 点至 19 点。

上供。上供是用供品供奉母娘，一般的供品是花、灯和水果。作者在花莲的胜安宫参加了拜祭母娘的仪式。首先是上香，在母娘的尊容前，每个人上了三炷香表示尊敬；然后是献花篮；再后是献鲜果；最后向母娘行礼。

开文。"文"指的是追求会灵的信仰者写的文章。他们往往在祭拜母娘后把文章烧掉，表示与母娘的沟通。

诵经。信仰者诵经的姿势有所不同，有的跪坐，有的站立，有的双手合十。其所诵的主要经典有《瑶池金母收圆宝忏》《瑶池金母普度救世六提明心真经》《无极瑶池金母养正真经》等。

分灵。台湾信众要在大陆找到西王母的祖庙，希望把祖庙的一把土捧回海峡彼岸，或者把大陆的西王母像捧回台湾供奉一段时期。

西王母庙会是历史记忆在当代语境下的展演，泾川的西王母民间信仰被固化为一个象征符号，当代民众通过对这个特定象征符号的认同，保持和巩固了本地域的历史记忆。这充分说明，非物质文化遗产是活态的、流动的，像一泓清流一样滚滚向前，进化是非物质文化遗产演变的基本规律。

四、结语

通过对 2014 年、2015 年的农历三月二十西王母庙会和农历七月十八西王母诞辰日的实地考察，我们认为，当今丝绸之路上，作为国家级非物质文化遗产的甘肃泾川的西王母信俗活态传承了泾川西王母信仰的文化传统，为深厚的民间信仰与道教文化的混合文化，并与当地多个村落的西王母庙会互文、共生，构建出西王母信仰在 21 世纪初期的该地域民间文化的特殊场域。这个场域被海峡两岸的民间社群和多个民间团体所认可和共同传承。庙会的调查开启了我们对民间信仰存续样态的多重审视，这是海峡两岸源远流长的西王母信仰同根同源的共建，也是国家重视传统文化的展现。庙会呈现出一个海峡两岸的民间组织及道教文化、商贸文化多方在场的交流空间的协调与对话，对于维系海峡两岸共同的文化根基，对于当前公共文化的建设有着不可低估的价值和意义。为了弘扬海峡两岸在改革开放新时期在传统基础上共同构建的西王母文化，在此我们提出如下建议：

目前泾川的西王母庙会分别举办于农历三月的民间祭祀和农历七月的公祭典礼。两者之间存在明显的差异。如何寻求两者之间的对话与交流，使得泾川的西王母文化成为公共文化的一个重要组成部分，为所有的民众所共享，这是应该关注的问题。

最近十几年来，泾川的西王母庙被台湾多个民间团体和个体认可为西王母文化的发源地，其已经成为西王母文化根基的象征。这说明，泾川的西王母文化已经突破了一般的民间信仰范畴和道教信仰范畴，成为联系海峡两岸的文化脉搏。应考虑以此文化为契机，促进海峡两岸的西王母文化更加广泛、更为深入的交流，以泾川的西王母文化为平台，在推动海峡两岸民众文化共识的同时，推动经济、文化、旅游及非物质文化遗产保护等诸方面的共识和发展，寻求海峡两岸共谋发展和繁荣的路径。

甘肃泾川的西王母文化历史悠久，源远流长，是我国累积的优秀传统文化的重要组成部分，在联合国教科文组织提出的保护非物质文化遗产理念和实践中，已于 2008 年被我国文化部评为国家级非物质文化遗产。非物质文化遗产保护的关键在于传承。政府的保护理念和传承措施是一个层面，最为重要的是保护该地域民间信仰的根基，认识其在社会文化整合中的作用。据最新的信息，84 岁的西王母庙会的传承人张学俊已经去世。我们呼吁保护当地民众信仰的文化根基，挖掘其濒危的文化资源，给予其宽松的政策，以利于西王母文化的保护和社会的和谐发展。

安丽哲：艺术乡村建设的历史经验和当代实践

（中国艺术研究院艺术人类学研究所副研究员）

各位同仁，各位老师，大家下午好！我这次演讲的题目是《艺术乡村建设的历史经验和当代实践》。

首先，我想讲的是"介入"这个词。艺术介入乡村，这句话容易有歧义，给人的感觉好像艺术是外来的，好像乡村中原来没有艺术一样。这次的中国艺术乡村建设会议已经是我们第三次举办了，前面用"艺术介入乡建"这个短语的时候，也有一些学者提出过质疑，我也想谈谈我的想法。在去年（2018 年）的艺术乡建会议上我曾举了两个案例，一个是宋庄的案例，另一个是杨家埠的案例，这两个案例代表了艺术介入乡村建设的两种形态。对于当代艺术介入乡村建设来说，像昨天看到的在中华世纪坛举行的艺术乡建展览中的三个村庄，这些村庄都是由于当代艺术家的介入而产生了变化，像王廷信教授提到的，这属于外界力量的介入。这种情况下，确实可以将其称呼为（当代）艺术介入乡村建设。另外一种则是传统艺术乡村建设，传统艺术在农村中一直在场，属于地方性文化中的一部分。我做的杨家埠个案研究，和王廷信教授提到的山西案例接近，都是没有外界的参与，只是传统艺术参与乡村建设的情况。所以我想，是否可以用"参与"一词。国内近年来经济发展的变化，以及国家对于非物质文化遗产的重视都使得许多种民间传统艺术焕发了光彩，同时，这种传统艺术又大大丰富了乡村的精神生活。

其次，再来说第二个有争议的词，就是"艺术介入乡村建设"中的"建设"这个词。就我理解来说，我们常说的建设，一方面是物质上面的建设，物质上面首先要进行经济建设，经济发展起来之后，就可以去改造房屋等物质设施，这也叫物质建设。建设这个词确实带有一定的主体指向，如果一定要换的话，我想是否可以用"发展"这个词，这就变成"艺术参与乡村发展"，主体指向就没那么明显了。

另一个方面是关于精神文明的建设。我们知道，民间戏曲、民间美术等传统艺术项目都以教化百姓为目的，这属于精神建设，这里也可以用建设这个词。民间美术有很多图画内容，也是教导大家尊老爱幼这一类道德规范的，也属于精神建设。像刚才所说的，包括乡民进行的审美活动，同样是精神方面的建设。艺术参与乡村建设不管是建设精神，还是建设物质，都不是从现在开始的，都有着漫长的历史，我希望从艺术参与乡村建设的历史出发，看看我们以前到底有什么经验，这些经验又对现在与未来有什么启发。

在这里我仍然要提到潍坊风筝产业中杨家埠风筝的案例，这是一个典型的传统手工艺参与乡村发展的案例，潍坊风筝产业现在是当地非常重要的经济收入来源，前几年就达到了20多亿元的规模，占全球风筝销售百分之七八十的份额。杨家埠是其中主要的传统风筝产地。然而当我们在研究其历史的时候发现，潍坊风筝极大促进当地经济的发展并不只是现在发生的事情，而在明清时期就是这样了，潍坊的风筝产业从明清时期就击败了北京、天津等风筝产地，占领了全国风筝产业市场。梳理其产业发展的脉络，我们就会发现，技术革新、准确定位客户需求以及当地政府支持等要素是当地手工业发展的重要因素。我想这些都是宝贵的经验，也是现在挖掘传统艺术如何能够促进当地经济发展，进行经济建设可以参考的方面。

从杨家埠风筝的历史发展来看，当地的传统手工艺产业发展也促进了当地建筑特色的形成和地方文化的发展。我们现在去潍坊杨家埠，知道当地著名的景点是大观园，那里有一条明清时期村庄里的古街，非常完好地保留了当年村庄的样子，每户人家为了发展当地年画以及风筝的贸易，专门在门口修建了门房（当地称为"旺屋"），这是为了每户人家谈生意方便，当然这也成了我国"前店后厂，前店后家"手工业生产的早期产业模式。结合当地年画与风筝的发展史来说，传统手工艺、民间艺术的生产对当地农民的行为方式、思维方式、建筑景观统统产生了影响。

还有一个需要思考的问题就是传统手工艺与乡村发展之间的关系。在中国近代历史上，除战争之外，农村也曾有过因副业受到冲击而衰败的局面。如在清末时期，国力比较衰败，被迫接受不平等条约后，大量国外工业产品进入，这时候中国农村中很多传统手工业都受到冲击而不能维持原有的运行与发展，尤其是纺织业，男耕女织的日子一下子被打破了。以前用作生活资料并可以交换其他产品或者货币的布匹被西方工业制品冲击得再无市场，村庄一片衰败，因为乡村经济的基础被击垮了。其实回望历史，再看现在，我们可以发现这种冲击本质上就是工业文明对农业文明的冲击，过度依赖机器的工业导致了以农业为基础的社会的衰败。我们当今的农村空心化，就是因为我国工业化的发展，城市的疾速扩张，大量的农民不再继续留在农村从事农业，而是跑到城里变成工人。缺了主体人的参与，农村必然凋零。城市生活对于农民的吸引力并不主要是发达的状态，而更多的是因为在家乡，在农村已经没有适合产生相应生活资本的劳动项目了。农业从来都不是农民的唯一产业，纯靠几亩地的收入无论如何是捉襟见肘的，这是农村凋敝的主要原因。这样的情况不只在中国发生，在欧洲同样是因为产业革命导致了农村农民的破产，工业革命直接颠覆了人类数千年之久的生产方式。

英国是最早进行工业革命的国家，也是最早对工业革命进行反思的国家之一。在19世纪的英国，曾发生过一场著名的手工艺运动。手工艺运动最主要的核心是反思产业革命对人类文明造成的很多破坏，像人性的异化和生态环境的破坏，并试图用手工艺重建与自然的联系。如今我们研究手工艺的重要意义同样是探索如何重建人类与自然的关系，如何将人留在农村，如何建设美丽的乡村。我们此次展览其实也体现了这些思想，在展览中我们可以看到有些当地手工艺的展示，这也是对把当地的知识与文化留下的方式所进行的积极探索。在这个时代，我们试图振兴农村，也必然需要振兴传统艺术。我想传统艺术和乡村的振兴是紧密相关、互相促进的关系。这是我粗浅的研究，谢谢大家。

孟凡行：手工艺共同体的理论、意义及问题
——以陕西凤翔泥塑村为中心的讨论

（东南大学艺术人类学与社会学研究所常务副所长、副教授）

近些年，在国家非物质文化遗产保护和文化产业利好政策的刺激下，既有非物质文化遗产内涵，又不失文化产业价值的手工艺受到了各界的广泛关注，其中一个引人注目的现象是传统手工艺社区的复兴，号称"中国泥塑第一村"的陕西凤翔六营村就是这种情况。20世纪前的中国村落社区多还是斐迪南·滕尼斯（Ferdinand Tönnies）所谓的共同体。手工艺在其长期的发展中与所依附的社区有机地融合到了一起。进入20世纪，一方面，在政治和经济革命、城镇化等因素的影响下，村落"共同体"逐渐解体，而缺乏共同生活理念和发展追求的村落前景必然是暗淡的。另一方面，由快速的工业化和城市化带来的大量生态问题，促使社会各界反思线性现代化发展的弊病。与机器大工业相比，手工艺以其与人和自然的紧密联系，以及中国传统手工艺中所蕴含的亲善自然、珍材惜料、以人为本等思想为克服工业化带来的弊病提供了一条思路。国家层面不失时机地提出了构建生态社会、美丽乡村建设、振兴传统工艺等号召，学界从理论层面也进行了文艺复兴、乡村建设、传统手工艺复兴等相关问题的讨论。那么手工艺知识和村落之间存在什么关系？乡村传统手工艺发展和乡村建设的总体性问题是什么？手工艺群体的形成对手工艺的发展及重塑中国村落共同体有何意义？当前存在何种主要问题？本文以凤翔六营泥塑村为个案，借鉴相关理论视角对以上问题展开讨论。

从现代学术理念来看，手工艺作为一种文化事项，大体包括技

术和艺术两方面的特性。那么技术和艺术存在于何处，又以何种形式存在？

一、技术和艺术所处的位置

手工艺中的技术（我们暂称之为技能）是一种经验技术，其发展依靠建立在大量试错基础上的经验积累。相对于现代工程技术的标准化，经验技术带有更多的模糊性和灵活性，其往往与"巧""窍门""艺"等概念相联系，而巧、窍门是非常个人化的概念。那么技能到底存在于何处？我们常说拜师学艺，那么技能是一种个人化的知识吗？与现代工程技术相比，技能并不以书面的方式传承，它存在于人的头脑中还是内化在人的身体中？

英国人类学家蒂姆·英戈尔德（Tim Ingold）认为技能不是作为生物实体的个人所拥有的属性，而是一些关系的"场"（field）所拥有的特性，此关系场由生物体意义上的人的在场而形成，这些人有着不可分解的身体和头脑，并存在于充分结构化的环境中。此场不仅包括工具和材料，也包括其他非技能实践者。实际上并不太可能分别实践者究竟是在与其他人互动还是在与非人类的环境互动；两者之间的界限是模糊的。

德国社会历史学家艾约博通过对海德格尔和梅洛－庞蒂的现象学哲学以及现代认知科学的研究成果的考察，得出了和英戈尔德相似的观点，他认为技能既非封装在人的心智中，也不在人的身体里，而是存在于有技能的人与其周围环境的互动界面中。

这一观点随后通过他对四川夹江县造纸社区造纸技能的经验研究

得到了验证。比如夹江造纸在中断二十年后得以顺利复兴正得益于技能的这种环境特质，而国家试图将夹江造纸技能移植外地的失败，也是没有充分考虑到技能的社会性和生态性所致。

国内艺术人类学学者方李莉通过对景德镇陶瓷产业区的多年研究，提出了陶瓷烧造和分销绝不仅仅是一种单纯的技术行为，而是结成了成体系的"瓷文化丛"的观点。

以上学者的研究表明技能并非个人化的知识，而是社会性的存在，其不存在于个人之脑或身，而是存在于人和人及环境的互动中。

相对于受社会关注较少、当事者产权意识较弱的技能领域，艺术似乎带有更多的创新性和个人性特征。"没有创新就没有艺术"早已成为整个社会的共识。

实际上此种意义的艺术概念直到18世纪时才定型于欧洲。英文"art"来源于拉丁文"ars"和希腊文"techne"，其意泛指从驭马、写诗、制鞋、画花瓶到统治术等技巧。在古典后期形成语法、修辞、逻辑、算术、几何、天文、音乐等所谓的自由艺术（后来被称为"自由七艺"）。古代中国虽然没有"艺术"一词，却有"艺"字，其本意为种植，从先秦时期一直沿用到清代，涵盖了技能和艺术等多重含义。相对于欧洲的"自由七艺"，中国在周代便有礼、乐、射、御、书、数"六艺"体系。可见，技和艺在大多数历史时期是混杂不清的。进入18世纪，人们将艺术品从其他人类生产的一般物品中分离出来，赋予其特殊的美学价值，现代艺术概念逐渐确立，其极致是美的艺术或纯艺术（fine arts）概念的出现。

进入20世纪后，大规模的经济危机、世界大战、无产阶级革命等促使人们重估资产阶级社会的效能和"合法性"。在艺术创作领域出现了立体派、表现主义、达达主义等反传统的艺术运动,特别是达达主义运动,以强大的虚无主义猛烈冲击了西方自18世纪以来奠定的艺术传统。达达主义运动的发起者和领袖之一,也被认为是西方现代主义艺术精神代表的杜尚,用现成品(readymade)成功挑战艺术品是所谓"艺术家灵感的结晶",是美学典范的神话。杜尚认为艺术品与其他一般物品没有本质性的差别,艺术家也与其他职业者没有本质上的不同。艺术理论界对层出不穷的新艺术活动作出了回应,其对艺术的本质进行了长期的反思。在此之前,无论是柏拉图的"艺术即模仿",还是康德的"艺术即可传递的快感"、克莱夫·贝尔的"艺术是有意味的形式"等经典说法都难以解释新时期的艺术现象。这些说法虽然有很大的分歧,但其看待艺术的视角有一点是相同的,那就是从艺术的内部看艺术,也就是就艺术谈艺术。

20世纪中期,莫里斯·魏兹(Morris Weitz)、阿瑟·丹托、乔治·狄基等艺术理论家在理论层面打破了就艺术谈艺术的桎梏,在一定程度上完成了艺术本体与其周边环境的联结。丹托提出了艺术界(art world)的概念,认为艺术史和艺术理论构成了艺术界,判定某物是不是艺术品,并非基于其外观属性,而在于其能否满足与艺术界的相应关系。狄基进而将丹托非物质的艺术界变成了实体。他认为艺术界由艺术生产、艺术传播、艺术收藏、艺术评论、艺术理论研究等领域的人组成,这些人保障了艺术界的运行。社会学家霍华德·贝克尔对艺术界的运行进行了实证研究,在社会事实层面完成了对艺术的祛魅。他认为"艺术不是一个特别有天赋的个体的作品,与之相反,艺术是一种集体活动的产物,是很多人一起行动的产物"。艺术世界和日常生活世界之间有一定的界限,但并非不可跨越,两者本质上是一体的。艺术扎根于日常生活世界之中。

我们以上对技能和艺术的简要考察，其目的并非要廓清两者的哲学本质，而主要是从手工艺存在的形式和位置的角度说明兼有两者性质的手工艺是一种社会性的存在，是一种生态性的文化。手工艺的这些特性决定了其存在和发展会在一定程度上拉近被工业化撕裂的人与人、人与自然之间的关系，促进日趋松散的村落社会走向团结，在一定程度上恢复村落共同体，但在此之前手工艺从业者首先应该发展成一个手工艺共同体。

二、手工艺共同体与劳作模式

德国社会学家滕尼斯在其1887年出版的《共同体与社会》中用共同体指称建立在自然基础上的现实生活形态，处于这种生活形态中的人有相似的生命意志，过着亲密、单纯的共同生活，形成一个"生机勃勃的有机体"，从而区别于思想的和"机械的聚合和人工制品"的社会。"共同体"这一德文概念被翻译成英文"community"，经美国社会学家罗伯特·帕克（Robert Ezra Park）于20世纪30年代译介到中国，被费孝通等人译成了"社区"。之后，以吴文藻、费孝通、林耀华等为核心的燕京社会学派通过社区研究法大力推进社会学的中国化，并取得大量世界级成果，"社区"一词遂推广开来。值得注意的是，帕克所带领的社会学芝加哥学派的社区研究主要针对的是城市社区，其来华讲学传授的也是城市社区研究法。而且"社区"一词作为通俗词汇现在广泛使用于城市里的各类大小居住区，农村里使用较少。但中国社会学、人类学的社区研究却大多是在农村里进行的，也就是说中国社会学和人类学界所谓的社区主要指的是村落，这倒是符合滕尼斯所创造的共同体概念本意了。

与本尼迪克特·安德森所提出的"民族是想象的共同体"不同，村落共同体是个实体。在这个实体中，村民对村落的认同并非来自想象，而是基于实实在在的生产、生活联系，故村落共同体首先是一个实践共同体。在传统社会中，如近代华北农村由于畜力、人力的不足以及旱作农业的耕作方式的特点，农户之间往往存在搭套、换工、代耕、帮工、伙养役畜、共同租种、共同雇工、役畜和工具的无偿借用等各种形式的农耕结合，这必然要求农户之间，甚至整个村庄内部形成比较紧密的联系，这是村落共同体的基础。

在人类学、民俗学等学科的乡村研究中，有所谓市场、宗族、庙会、祭祀圈、礼物的流动等研究视角，但从日常生活和生产实践等更为基础的层面着手的却不多。国内民俗学村落研究的代表人物刘铁梁提出了"村落劳作模式"的概念，作为对上述研究视角的补充。"村落劳作模式"关注的是诸如"农民如何利用共有的自然资源而进行怎样的生产，拥有哪些生产知识与技能，结成了怎样的生产组织，形成了怎样的交易方式和消费习惯等生活状况"。当代中国农村普遍经历了大规模的农业机械化、现代化历程，之前需要大量人力、畜力持续一两个月的夏秋收农忙，现在用联合收割机不到半天就可以完成，由老年人即可轻松应付，年轻劳动力多外出务工。从"村落劳作模式"的角度来看，建立在劳作模式上的村民联合是一种刚性的联合关系，是村民之间的社会联合和文化联合的基础。劳作模式的改变加速了村落共同体的解体进程。

村落共同体的解体在西方城市化的过程中也发生过。但中国现在正进行的城镇化与西方所经历的城市化有很大的不同，西方是世界上最早进行城市化的文明区，其拥有大量先发优势，比如可以利用全世界的自然资源和市场等。更重要的是西方国家没有中国数以亿计的巨量农村人口，即便我国到2020年能顺利达到李克强总理在第十二届全国人民代表大会第四次会议上所作政府工作报告中所说的常住人口城镇化率60%的目标，仍然有近6亿人生活在近60万个行政村里。物质生活条件有限，又缺少城市的组织化管理和精神文化生活的村落，如果不是有着正向共同价值追求、互帮互助的共同体，其局面可想而知。

从乡村治理的角度来看，其核心难题也正在于村落共同体的解体导致的农民组织化程度降低。2006年取消农业税后，很多村的村级行政组织与村民的刚性联系减少，村庄组织程度降到新低点。"农民组织程度太低，甚至自上而下的国家财政转移资金都难以在农村落地，与小农对接。"在缺少资源的村庄，连村干部都无人愿意担任，公共事务更是无从谈起。

在缺少共同体意识的村庄，连最基本的治理都难以顺利开展，更不用说美丽乡村建设了。正如贺雪峰所说："村庄共同体是当前农村治理的重要基础，是国家现代化建设的进程所期待的目标……实行村民自治以村庄共同体为社会基础。"

从非物质文化遗产保护和传承的角度来看，建设村落共同体同样具有核心意义。非物质文化遗产与物质文化遗产最大的不同就是其强烈依赖于所存在的历史、社会和文化环境，依附于生活流中的人，依附于这些人为了自己的生产和生活而结成的各种社会组织、形成的习俗。而这些文化事项存在和延续的基础便是村落共同体。如果村落共同体走向解体，村落失去正向价值生产能力，不能提供村民对未来生活的美好预期，村民的生活就会面向村外，就没有多少人愿意参与村落的集体性活动，非遗的保护和传承只能变成政府和城里人无法落地的乡愁。

那么如何恢复解体的村落共同体呢？一条可行的思路是搭建新的劳作模式，从而夯实村落共同体的刚性联系基础。在这方面集体性的手工艺是一种不可多得的资源。在有手工艺传统和资源的地方引导、加强手工艺组织化建设，先将其建设成一个实践共同体，一个手工艺共同体。

在有些大型的手工艺社区，如景德镇陶瓷产业区、潍坊风筝和年画产业区、宜兴紫砂壶产业区等，有深厚的传统和较强的利润生产能力，存续似乎不成问题。加之其与附近城市的地缘关系，大多也与农村没有多少关系了，原先的共同体也早已变成了滕尼斯意义上的社会。与之相区别，本文重点关注的是地处中国农村腹地的数量巨大的手工艺社区。特别是那些原来有手工艺传统，之后有一个中断期，现正在复兴中的社区。陕西凤翔六营泥塑村就是这种类型。

三、凤翔泥塑准手工艺共同体

六营村隶属的陕西省凤翔县，境内土地平整，溪流、水泉密布，适宜农耕。县域属于半干旱半湿润的温带大陆性气候，年平均气温11.4摄氏度，年均降水量625毫米，雨热同季，光照充足，全年无霜期200余天。①这样的地理和气候条件适合种植多种作物，凤翔盛产小麦、荞麦、玉米、黄豆、豌豆、高粱等粮食作物和洋芋、山药、魔芋、芋头及其他常见蔬菜作物。其中以小麦、玉米为主要粮食作物，以辣椒为主要经济作物。这样的种植结构，决定了乡民在一年中有较明显的农忙、农闲时节。大量的农闲时间，加上人均耕地较少，仅靠耕种难以维持较好生活的现实，为各种副业的出现提供了机会，其中就有各式各样的手工艺。

凤翔地区传诵久远的俗语"西凤酒，东湖柳，姑娘手"说的是当地最有名的三样东西：一是西凤美酒；二是东湖美景；三是民间手工艺。凤翔有悠久的手工艺传统，是国家文旅部命名的"中国民间文化艺术之乡"，手工艺术种类繁多，以泥塑、木版年画、皮影、草编、刺绣为特色，其中又以泥塑最负盛名。

凤翔泥塑旧称"泥货""耍货"（玩具），为2006年5月入选第一批国家级非物质文化遗产代表性项目名录的四种泥塑②手工艺之一。凤翔泥塑有久远的历史，其源可追溯到春秋战国时期替代人殉的陶俑。但因为民间艺术多靠口耳相传、执手相教，加上在古代不受重视，少有文字方面的证据。凤翔泥塑代表性艺人的传承谱系最多也只能追溯到四到五代。

传统意义上的凤翔泥塑采用村东万泉沟出产的"板板土"，经揉泥、创作毛稿、制模、翻坯、黏合成型、拼装、晾干、打磨、粉洗、勾线、赋色、上光等工序制作完成。其中揉泥、制模由男性完成，其余工序男女皆可做，但勾线、赋色等细致的工序往往由女性完成。凤

---

① 参见陕西省凤翔县地方志编纂委员会编《凤翔县志》，陕西人民出版社1991年版，第3页。
② 其余三种为天津泥人张、惠山泥人、浚县泥咕咕。

翔泥塑早期主要是制作用于祭祀和民俗用途的泥人和泥玩具，市场主要面向农村，产品强调功能性，不太注重审美，较粗糙，但更具乡土韵味，颇有汉代遗风。近些年来随着旅游和非遗的兴起，泥塑产品向工艺品方向发展，无论造型还是勾线、赋色，越来越趋于精致化，产品种类也越来越多，目前已形成200余种产品。这些产品归结起来，大致可分为三类：其一是摆件（如不同规格的坐虎，坐狮，立式的马、羊、牛等十二生肖动物）；其二是挂件（如虎头、五毒、各路神灵、"麒麟送子""马上封侯"等组合挂件）；其三是立式人物（如如来佛、土地神、八仙、祈子娃娃等神灵，《西游记》《三国演义》《封神演义》等经典故事人物）。除了少数如立式人物需要捏塑外，主打产品均采用模塑。所有产品均有白描和勾线填色两种装饰方式，赋色以大红大绿吉祥热闹的民间色调为主。

凤翔泥塑产品早期主要通过庙会、赶集摆摊、走街串巷在附近地区售卖，销量并不大。近些年随着旅游经济的兴起，特别是2002年和2003年凤翔泥塑作为主图案两度登上国家生肖邮票，红极一时。当时六营村530户，从事泥塑制作的就有300户。六营村泥塑产业实现产值1000多万元，加上马勺脸谱、皮影、刺绣等手工艺品及带动的旅游等相关产业，产值达到8000多万元。然而现在的情况可谓惨淡经营。

笔者2016年到六营村考察期间，发现在泥塑制作集中的六营村三组，有六七户村民在自己的沿街房里开辟了小型的售卖展厅，除了各式凤翔泥塑，也代售凤翔当地出产的木版年画、皮影、梭子脸谱、马勺脸谱、麦秸画等工艺品。这几户村民也是凤翔泥塑制作的中坚力量。乍看起来，六七家小型作坊和展厅与"中国泥塑第一村"及作为国家级非遗的名气不太相称，也与我们在权威媒体上看到的数据不太相符。实际上凤翔泥塑市场需求在2003年左右进入高峰，因为生产力有限，大量没有手艺经验的农民进入生产场域，大干快上，市场很快饱和。各户竞相降价销售，利润降低，粗制滥造成风，名誉受损。为应对此种情况，六营村成立了手工艺品专业合作社，以期整合市场，协调各方面的利益，形成一个统一的品牌，我们可以称六营泥塑制作群体为准手工艺共同体了。为何是"准"手工艺共同体？为何原先曾有300户参与制作的凤翔泥塑，现在却只有不到10户在坚持？除了社会环境的影响，跟这个"共同体"内的结构性缺失是有关系的。要理解这一点，需要考察凤翔泥塑资源从集体性积累到个体性消费的过程。

四、凤翔泥塑的资源化过程及消费困境

六营村全然没有报告文学和影视作品中常见的西部农村经济发展滞后的颓败之象，而是房屋规划整齐、街道宽敞并全部硬化、路边用水泥砌建了规整的排水渠，大多数家户是气派门楼及四合院式一到两层的红砖大瓦房，一派繁盛景象。村里处处可见的充满民俗意味的以凤翔泥塑基本形象为主的图案，村东头重修的神庙，每家门口设立的神龛及神龛里的新鲜香灰，营造了较浓厚的民俗氛围。调查显示，村庄的繁盛面貌并非因为泥塑为村庄带来了多少经济收入，而是因为凤翔泥塑的文化名声，调动了外部的行政和经济资源进行建设。文化艺术在这里显示出了推动社会发展的巨大力量。难怪"三农"问题权威温铁军在主持乡村建设时提出了"文化建设效益最高"的看法。

文化艺术之所以能调动行政和经济资源，一个重要的原因是其本身已被认为是一种可开发且附加值较高的人文资源。但人们对凤翔泥塑作为一种可开发利用资源的看法并非一开始就有的，而是经历了一个认识过程。费孝通提出人文资源是"人类通过文化的创造，留下来的、可以供人类继续发展的文化基础"。方李莉在费孝通人文资源思想的基础上，提出了"遗产资源论"观点。其主旨是原先被我们视为只可继承、保护的遗产性的民族民间文化，现在被看作是一种可开发和利用的资源。

民间手工艺被视为珍贵的人文资源，与此同时民间手工艺的发展也需要从外界获取资源。在凤翔泥塑的发展史上就有四个重要的资源点。一是凤翔泥塑的起源。有关凤翔泥塑的起源有两种说法。第一种认为凤翔泥塑制作技艺由明朝洪武年间落户此地的江西景德镇籍士兵带来，与中国瓷都景德镇挂上钩。第二种认为凤翔泥塑技艺起源于春秋战国时期的陶人殉，明朝景德镇籍士兵带来的技艺对本土技艺做了改良，既突出了泥塑技艺的悠久历史和本土性，又沾上了瓷都的光，可谓强强联合。这种说法出现较晚，但很快占了上风。二是1981年法国民间艺术十人团来六营村考察泥塑，以及1985年六营泥塑艺人胡新明被选赴美国参加"陕西月"活动，在10个城市表演泥塑技艺。原先被视为土里土气、摆不上台面的"泥货"受到"洋人"的认可，从此变得洋气起来。原先与其他村民一样没读过多少书，靠种地为生的胡新明能走出国门到发达的美国表演技艺，也能给自己挣到美元[①]，大大改变了人们对凤翔泥塑、手工艺的看法。三是2002年和2003

---

① 胡新明口述，2016年4月14日，访谈人：孟凡行，地点：六营村；参见韩秀峰、武丹《泥土里绽放的艺术之花——凤翔六营村"国家非物质文化遗产"泥塑艺术调查》，《陕西日报》2017年1月5日。

年，由六营泥塑艺人胡深和胡新明参与设计制作的泥塑马和泥塑羊作为主图案登上国家生肖邮票。四是2006年凤翔泥塑进入首批国家级非物质文化遗产代表性项目名录，凤翔泥塑代表性艺人被指定为国家、省、市各级非遗传承人。如果说第一点是当地人的历史性建构，第二点是对凤翔泥塑半政府性质的默认，第三点是国家层面的宣传，那么第四点则是国家制度层面的认可。凤翔泥塑至此完成了自己的资源积累。

对地方政府、村集体、凤翔泥塑艺人来说获得外部的整体性认可自然是重要的，但大家更重视可获得的经济利益，用当地人的话来说"能不能赚钱是第一位的"。即便是作为凤翔泥塑头号人物的胡深，在生活困难、泥塑生意又不景气时，也毅然选择其他能赚钱的营生，而不是传承手艺，更不用说其他人了。

据胡深说，中华人民共和国成立前只有那些穷苦人家才制作泥塑糊口，所谓"若有二斗粮，不为耍货忙"。[①] 也就是说，在凤翔泥塑受到政府重视之前，其基本上作为当地人的一种零星副业自发存在着，泥塑制作者往往被社会视而不见，最多也就被看作匠人。这可以说是凤翔泥塑的第一阶段。改革开放后，凤翔泥塑得到了各方面的重视，获得了较大的发展，但直到2006年被认定为国家级非物质文化遗产，其性质并不明确。此为凤翔泥塑的第二阶段。对于如何进行非物质文化遗产保护，国际上大概有两种不同的意见。第一种意见是，保护非遗应尽量保持原样，杜绝开发和利用。另一种意见则认为，保护并非原封不动地保存和原样传承，在保护的同时也可以进行适度开发，开发和利用也是一种保护。就我国来说，虽然引进非遗理念的时候也有

---

① 胡深口述，2016年4月12日，访谈人：孟凡行，地点：六营村。

这两种意见，但很快国家层面就提出了生产性保护的看法，第二种意见占了上风。从认识论上来看，这就把遗产看作是一种资源了，也就可以开发和利用了。凤翔泥塑艺人随着接收信息的增加，如胡深、胡新明还常到雕塑院、美术学院等机构交流和学习，对匠人、艺人、艺术家的身份有了自己的认识，开始追求艺术家的身份。笔者在凤翔调查期间，凤翔泥塑的多位艺人表明他们追求的身份是艺术家，不是手艺人，更不是匠人。艺术家有创新能力，手艺人、匠人则和泥瓦匠没什么区别，只是个干活的。[1]

资源积聚起来了，名气打出去了。对各利益相关方，特别是艺人们来说，下一步就是如何利用这个资源了。聚资源、打名气可以利用政府和社会的力量，但在没有一个结构完整、运转良好的共同体的情况下，资源消费和利益分配就会变成大问题，比如如何平衡几位代表性艺人的地位和利益；如何协调不断加入进来分一杯羹的村民的利益，并对其有可能对整体利益有损的行为加以约束；如何捋顺消费和积累的关系；等等。

凤翔泥塑产品与学院派雕塑作品不同，其售卖的大宗商品绝大部分是用模具制作的，具有捏塑能力，能制作模型的人被视为泥塑的第一流高手。但问题是泥塑题材多样，几位代表性艺人各擅胜场，并不存在全能手。当地流传的"胡深的虎、新明的牛、杜银的立人卖不愁"，说的就是这种情况。

在凤翔泥塑这个圈子里，自然而然形成了几大权威人物，比如胡深、胡新明、杜银、韩锁存等，这些人原先是各做各的，凭自己的影响力吃饭，因为产品不重合，市场竞争不大，善意的切磋既能提高技

---

[1] 韩锁存口述，2016年4月14日，访谈人：孟凡行，地点：六营村。

艺水平又能加深友谊。问题是凤翔泥塑被认定为国家级非物质文化遗产后，又有了国家级、省级、市级等传承人的级别，传承人的级别很快反映到了产品悬殊的价格上。但其实几位传承人的技艺水平相差并不大，这就打破了原先的微权力生态，也在一定程度上激化了几位传承人之间的矛盾。级别高的传承人不但有较高的补贴，而且其产品价格高还好卖，这大大压缩了其他传承人的市场和利润空间，也在一定程度上扰乱了市场秩序，破坏了得来不易的市场和名气，现在的萧条局面与此不无关系。

由于代表性传承人体系森严，那些无缘进入这一体系的艺人只能为高级别传承人代工，或干脆退出这一生产体系。一些颇有艺术才华的艺人不甘心为别人代工，又不想丢掉这门手艺，只能另辟蹊径。比如40来岁的胡满科就彻底转向制作具有关中风情的泥塑圆雕（凤翔泥塑排前两位的传承人胡深和胡新明也用此类作品，显示自己的才华），而不再制作传统样式的凤翔泥塑。这当然是一种开拓和创新，却与国家级非遗层面上的凤翔泥塑断了关系，从非遗传承的角度讲，不能不说是凤翔泥塑的一大损失。

凤翔泥塑由一门群体性制作的手艺，变成了个体性创作的艺术，其价值观日益倾向于学院派，这应该不是一条好的路子。资源的集体性积累，不能由集体来消费，而是转由个人消费，这种局面与当前不够接地气的传承人制度不无关系。

有专家指出，对于凤翔泥塑这类集体性的手工艺，国家在将其列入非物质文化遗产名录后，不一定要用行政性手段认定代表性传承人，完全可以采用民间赛会的形式，靠产品的质量和艺人的口碑赢得观众和市场，从而较自然地形成代表性传承人。[1] 此说很有道理。此外，笔者以为对于凤翔泥塑这类集体性非物质文化遗产即便非要指定代表性传承人，也不要区分明显的级别。总之，不能用行政手段破坏原有的微权力生态，一切以促进手工艺共同体的生长为核心。虽然为了扩大生产规模和平衡各方面的利益，六营成立了手工艺合作社，但囿于上述情况，合作社从来就没有进入过顺畅的运营阶段。

当然这种局面的出现也不能完全归咎于制度，从更深的层面来说，其实是人的观念与快速发展的社会形式不相适应的结果。从手工艺共同体的角度来看，凤翔泥塑艺人从早期的利益自发，发展到现在的利益自觉是一个进步，但要走向完全的共同体，利益自觉是不够的，还需要个体性的文化自觉洗礼。

五、文化自觉与手工艺共同体生态结构的完善

费孝通在1997年北京大学举办的第二届社会学人类学高级研讨班上提出了文化自觉的重要思想。[2] 文化自觉是指"生活在一定文化中的人对其文化有'自知之明'，明白它的来历、形成过程、所具有的特色和它的发展趋向，不带任何'文化回归'的意思，不是要复旧，同时也不主张'全盘西化'或'坚守传统'。自知之明是为了增强对文化转型的自主能力，取得为适应新环境、新时代而进行文化选

---

[1] 此为2016年11月19日西安美术学院教授、著名美术史论家王宁宇教授的赐教。特此感谢！
[2] 参见费孝通《关于"文化自觉"的一些自白》，载费孝通著，方李莉编《全球化与文化自觉：费孝通晚年文选》，外语教学与研究出版社2013年版，第46页。

择时的自主地位"①。

　　费孝通当初提出文化自觉思想的主要意图是为了思考崛起的中国与世界如何相处，世界各文明体之间如何相处的宏观问题。目前学术界及其他领域也普遍在宏观层面上使用这个概念。实际上文化自觉并非只有宏观一个层次，它也具有中观和微观等层次。中观层次文化自觉的主体可以是族群、团体、地方政府或村落，微观层次文化自觉的主体则是个人。费孝通曾明确提出他晚年所进行的学术反思，经过学术反思提出文化自觉等思想的过程，是他个人的文化自觉。②

　　文化自觉不光是一个理论，一种人文思想，它还是一种"逐渐养成的能力"③。社会学家周晓虹认为，从事本土人类学调查的学者必须养成文化自觉的能力。④实际上任何一个现代社会的公民都应该具有批判性反思和文化自觉的能力。学者可以通过读书、研讨、反思而具有这种能力，但大多数人可能需要外力的启蒙。

　　就本文探讨的非物质文化遗产、手工艺、凤翔泥塑的保护和发展来说，在文化自觉宏观层次的国家层面，我们从近些年中央政府开展的非物质文化遗产保护工作，以及2017年1月发布的《关于实施中华优秀传统文化传承发展工程的意见》和2017年3月发布的《中国传统工艺振兴计划》等文件，可以看出中央政府已经具备了文化自

---

① 费孝通：《"文化自觉"与中国学者的历史责任》，载费孝通著，方李莉编《全球化与文化自觉：费孝通晚年文选》，外语教学与研究出版社2013年版，第56页。
② 参见费孝通《从反思到文化自觉和交流》，载费孝通著，方李莉编《全球化与文化自觉：费孝通晚年文选》，外语教学与研究出版社2013年版，第60页。
③ 周晓虹：《江村调查：文化自觉与社会科学的中国化》，《社会学研究》2017年第1期。
④ 参见周晓虹《江村调查：文化自觉与社会科学的中国化》，《社会学研究》2017年第1期。

觉的意识和能力。文化自觉的中观层次，也就是手工艺社区的上一级政府，是联结国家和手工艺社区的重要环节，其文化自觉能够帮助政府人员在执行上级政府政策与顾及手工艺社区的具体情况之间做出微妙调整，在政策允许的范围内发挥能动性，而不是被动、僵硬地执行上级政府的政令。目前凤翔县政府的相关部门对自己的工作定位和对文化传承在乡村建设中的意义的认识仍有待提高。最后也最重要的是个人的文化自觉，泥塑艺人因其受教育程度和利益环境所限，难以通过自省实现文化自觉。其文化自觉有赖于从中央政府到地方政府再到手工艺准共同体的传导，在此过程中，学者可凭借自己的人文视野和专业学识发挥启蒙作用，而本土出身的跨文化精英则是各方面可以借重，进行文化自觉意识输入的重要桥梁。[1] 手工艺人具有了一定的文化自觉意识，就容易"美人之美"，容易认识到个人利益和集体利益之间的关系。有了这个基础，一个有明确目标和价值远景的手工艺共同体就不难建立起来。在此之前，比如目前的凤翔泥塑手工艺群体，只能称作准手工艺共同体，其只有实践的松散联合，缺少精神的融通。

相比那些缺少手工艺或其他副业劳作模式传统的村庄，类似六营村的手工艺传统和劳作模式，是中国农村农耕劳作模式式微后夯实村落共同体基础的宝贵资源，合理发挥这一资源的实践长处，并争取地方政府对当地的实际情况与国家政策不适应之处做出适当补偿，抚平手艺人之间的裂痕，从而完善准手工艺共同体的生态结构，使之升级成完全的手工艺共同体。有了这个基础，村落共同体的复兴就为期不

---

[1] 参见孟凡行《村落边界和"村落边缘"——陕西关中平原 G 村空间结构考察》，《社会科学家》2017 年第 5 期。

远了。

经过现代意识和文化自觉洗礼的村民，不可避免地"沾染"上了现代社会学理论所谓"个体主义"的品性。由"个体化"的个人组成的"村落共同体"不再是传统意义上的村落共同体。在新的共同体中，个人的价值和利益将得到彰显，集体的利益和个人的利益将得到比较好的兼顾。

结语

就中国乡村研究领域来看，政治学家关注乡村自治问题；经济学家关注乡村经济的发展模式问题；社会学家关注乡村治理问题；人类学家、民俗学家、艺术学家关注民间文化和非物质文化遗产的保护和发展问题等。多学科多视角的研究有助于看清问题，但也容易将问题分散，这就需要有一个总体性的问题意识。笔者认为中国乡村诸问题的出现和难以解决是村落共同体的解体所致，这在共同体意识强和弱的村庄治理效果对比研究中也得到了一定程度的证实。[1]

可以说村落共同体的重建是乡村建设的总体性问题，而对作为村落共同体实践基础的劳作模式的研究和建设则是根本。在国家倡导保护和传承传统文化，振兴传统手工艺的有利政策环境下，地方政府应该指导、支持具有手工艺传统的村庄完善农业加副业的劳作模式。学者及其他力量则有责任帮助手艺人培养文化自觉的意识，提高文化自觉的能力。各方力量共同加强手工艺共同体和村落共同体建设，完善

---

[1] 参见贺雪峰《新乡土中国（修订版）》，北京大学出版社2013年版，第42—46、310—311页。

乡村文化生态，维持乡村的长期稳定和发展，发挥农村在中国现代化的深入推进过程中所起的"稳定器"和"蓄水池"作用。

荣树云：秩序与生存
——杨家埠木版年画的行业习俗之人类学研究
（山东工艺美术学院副教授）

任何乡土社会中的人都不能单个存在，而必须在时空中有"秩序性"地内嵌于其社会结构、社会制度中。社会结构就"像文化的其他部分一般，是人造出来的，是用来从环境里取得满足生活需要的工具"①。乡土社会中的"秩序性"是人们为了维持一个群体或民族的日常生活正常运转，形成的一套完整的文化生态系统。乡土社会中的"秩序性"使人们内心充满了安全感，生活里大大小小的事情，靠世代流传的"集体经验"就能应付。

乡土社会中的"秩序性"包含了时间、空间、文化的心理认知与地域性知识。因此，乡土社会中的人都会自觉遵循一套有关时间（四季耕作、岁时节庆）、空间（人文与自然景观）、文化（风俗）的秩序。乡土社会中的"文化秩序"是人们根据自身的生产规则来不断建构、维护与延续的，而商贸文化中的"行业习俗"是建立在"文化秩序"之上的与该行业的文化利益、经济利益以及宗族观念联结在一起的对人们的行为起规范作用的"社会事件"。本文以杨家埠木版年画的行业习俗为案例，从人类学的理论视角，分析乡土社会商贸文化中的"秩序性"对以村落为单位的可持续发展之间的内在关系。

---

① 费孝通：《乡土中国》，人民出版社2008年版，第96页。

一、杨家埠木版年画概述

　　山东省潍坊市寒亭区杨家埠村，以浞河为界分为东、西杨家埠村。其中西杨家埠村，因民俗旅游业的发展，成为国内有名的4A级旅游景区，知名度由此日渐攀升。2006年以后，又因该村的木版年画与手工风筝被评为国家级非物质文化遗产而闻名大江南北，久而久之，西杨家埠村逐渐被人们称为"杨家埠"，当地人发音为"杨嘎埠"。据2016年村委统计，全村共有420户，1465人，除3名从云南嫁过来的彝族妇女外，其余均系汉族人。目前，村内的可视性标志有四部分：一是北进村口的仿清代门楼牌坊；二是正对门楼牌坊的年画风筝一条街；三是街道两旁的仿明清式二层居民楼；四是杨家埠民俗大观园风景区。

　　杨家埠村的形成有一定的叙事性，其始祖杨伯达于明朝洪武二年（1369）从四川成都府梓潼县迁徙而来。明隆庆六年（1572），因水患，多数人迁至浞河以西的高地，姓氏、地理位置（方位）、地貌特征三个因素共同成就了"西杨家埠"的村名。该村东靠浞河与东杨家埠村相望；北邻齐家埠；南与东、西三角埠村接壤；西北与赵家埠相邻。村落呈东西向长方形，东西约860米，南北约500米，面积约43万平方米。

　　杨家埠村是一个迁民而迁艺的村庄，因为该村的祖先杨伯达从四川梓潼县的重华乡迁至此地时，就有画样、刻版、印画等手艺，同时，他还熟悉各式灯笼和纸彩的扎制技艺。定居下边村后，由于连年自然灾害，农业歉收，生活难以维持。为养家糊口，重操旧业，三世同堂，苦心经营。每年十月下旬种完小麦后开始准备印年画。春节前后，又忙着扎制灯笼、印纸彩，迎接新年。出了正月十五，村里家家户户开始扎风筝；夏天做拉扇。明末清初，西杨家埠村就成为国内有名的手艺村。

杨家埠村以北1.5千米的寒亭镇（今寒亭区）是个商贸古镇，文化与商业都比较发达。在杨伯达制作年画之前，这里就有生产年画的"画子店"，但不是木版年画，一般都是满足春节祭祀用的手绘文武财神、家堂轴子、灶王等。杨伯达一开始也是手绘这类年画，拿到集市上卖，但是由于制作这类年画比较费时，利润比较低，买这些画的人大多是家庭比较富裕的地主。杨伯达将自己的雕版技术跟当地需求的画样相结合，印制出了半印半绘的神像类年画。由此可知，杨家埠始祖的雕版技术是日后杨家埠年画业发展的先决条件，如果没有先祖的技艺而是由其他地区的技艺传授而来，也许杨家埠年画业没有日后的繁荣，因为这个先决条件从"根"上为杨家埠人注入了"文化自信"的基因，就像当地老百姓在对外宣传时说的："学徒三年，不如祖传。"可以说，那时的杨家埠雕版技艺绝对是先进生产力的代表，并带给它的主人丰厚的物质回报。

资料显示，清代光绪年间，西杨家埠年画最高产量达20000令纸（约5000万份）。杨九经经营的"东大顺"成为西杨家埠最大的画店之一，每年有12盘案子印画，年产量逾百万张。"同顺德"每年印制年画50万张，用纸200令。此时，杨家埠村的年画生意越做越大，成为全国三大年画产地（潍县杨家埠、天津杨柳青、苏州桃花坞）之一，并带动了周围30多个村庄的年画生产。清中期，杨家埠村的中心街成为全国年画贩卖的商贸集市，其中，杨柳青、朱仙镇、桃花坞等不同地区的年画商贩也来此销售年画。杨家埠年画市场的繁荣促进了全国年画题材的模仿与发展，如杨家埠的戏曲年画就吸取了杨柳青的题材，当时，杨家埠村以北 1.5 千米的仓上村就有杨柳青生产戏曲年画的画店。河南朱仙镇，山东东昌府、高密、平度、临沂等地区的老百姓也来杨家埠拜师学艺，杨家埠的年画店也到山东各地区开画庄以扩大销路。随着杨家埠年画业的日渐繁荣，杨家埠的年画市场也出现了以假乱真、以次充好的年画商贩，使得杨家埠年画业受到一定的冲击。为了规范年画销售市场，杨家埠村成立了行会并形成了一系列的行业习俗。

杨家埠村内的年画店，虽然彼此之间存在竞争关系，但画店之间却很少有产生摩擦或纠纷的现象。据考察得知，原因如下：一是明清时期，每个画店都有自己相对固定的顾客（商贩），每到腊月，这些客商直接找到自己的店家，并住在店家，交钱等着拿货，即使货不够，也是店主帮忙去别的店把货凑齐，这样避免了客户流失；二是杨家埠年画业从早期就形成了一套严格的商业运作规范，如年画店在什么时间开始干、怎么干、什么时间止案等都比较明确。

在多年的销售往来中，每个画店都有自己的较为固定的销售地区、客商以及销售年画的种类。寒亭区史志办的谭家正说："当时杨家埠的年画店，都有自己的销售市场，如东大顺画店主要发关东庄；北公义是发山东西南路；恒足画店是山东东路。三路顾客买货最多的是鱼台客（鱼台是山东的一个县城），每年订货约 40 大车。其余是泰安、长清、滕县、平度、辛店、齐河、泊镇以及山西、河北、河南、苏北、东北等远地的画商，每年也要买 4~5 大车。"[①] 可见杨家

---

① 采访人物：谭家正（85 岁）；采访时间：2015 年 12 月 19 日；采访地点：村委大院传达室。

作为一个手艺村已经形成了一套相对成熟且和谐的以地缘、血缘、业缘为基础的生产模式，这种生产模式中的秩序性成为维持村落社会关系的主要因素。关于乡村社会中商贸秩序的讨论，其实是一种社会关系的适应性策略，也是一种生产性互惠。如人类学家科恩（Yehudi Cohen）所说，每一种适应性策略都源于一种主要的经济活动。[①] 杨家埠年画业行业习俗的形成，就是源于该村落社会生态的可持续发展。

二、杨家埠年画行业习俗中的秩序建构

建立在血缘、地缘基础上的杨家埠年画业，无论从生产的方式还是规模来说，都已形成一种行业而非几个散户的零售行为，既要维持一个乡村的、宗族的社会文化生态平衡，又要维护一个以地缘为单位的行业在全国范围内立于不败之地。因此，在长期的生产、销售、社会交往过程中，逐渐形成了一套利于行业发展的相对稳定的规范，这套规范具备一定的社会力量。正如费孝通所说："很难想象一个社会的秩序可以不必靠什么力量就可以维持。"因此，这套规范的背后是一种秩序的力量。

前工业社会，木版年画作为一种先进生产力的代表，在全国遍地开花并形成一种行业。既然称为"行业"，那就是代表非个人的利益团体，这个团体要健康有序地发展，就需要一系列约定性的习俗来规范行业共同体的行为模式。

---

① 参见［美］康拉德·菲利普·科塔克《简明文化人类学：人类之镜（第五版）》，熊茜超、陈诗译，上海社会科学院出版社2011年版，第114页。

习俗一般是指某个集体"在长期的生产或生活中逐渐积淀而成的"[1]，并且得到集体成员认同的一套风俗习惯或惯例。习俗不同于风俗，形成风俗的事件都挺大、挺普遍，而习俗可大可小，可普遍也可特殊。《荀子·大略》："政教习俗，相顺而后行。"说明了习俗的传承性、规约性、协力性与实践性。

行业习俗一般是指基于特定的地方性知识与生产事务而形成的某种固定的社会活动的"边界"，这种"边界"往往与该行业的文化利益、经济利益以及宗族观念联系在一起，共同规范着人们的社会行为。正如方李莉所说，行业习俗的协力性是"在配合人们的行为以完成社会的任务，而社会的任务是在满足社会中各分子的生活需要"[2]。传统社会中，杨家埠的年画艺人们就是利用这套世代传承下来的行业习俗，作为自己的"生活和生产的指南，解决着生产、劳动以及衣、食、住、行中的一些最最基本的事务"[3]。

首先看一下杨家埠的年画行业习俗有哪些（见表1），它与人们的生产生活发生了哪些交集，由此得出木版年画在杨家埠人生活中的地位与作用是什么。

表1　杨家埠年画行业习俗一览表[4]

序号	日期（农历）	名称	行业习俗
1	二月六日	动木日	作坊动木锯材的时间，为新的一年雕刻年画木版做物质准备

---

[1] 方李莉：《传统与变迁：景德镇新旧民窑业田野考察》，江西人民出版社2000年版，第305页。
[2] 方李莉：《血缘、地缘、业缘的集合体——清末民初景德镇陶瓷行业的社会组织模式》，《南京艺术学院学报（美术与设计版）》2011年第1期。
[3] 方李莉：《血缘、地缘、业缘的集合体——清末民初景德镇陶瓷行业的社会组织模式》，《南京艺术学院学报（美术与设计版）》2011年第1期。
[4] 该表格为笔者根据艺人口述以及杨家埠村民俗大观园内文献资料整理而成。

续表

序号	日期（农历）	名称	行业习俗
2	三月十六日	植槐日	印画的主色是"槐黄"和"槐绿"，这一天要集体种植槐树
3	五月十二日	拜师节	年满九岁的孩童，由族长带领到杨氏宗祠集中拜祖师，行拜师礼
4	六月六日	槐神节	在最古老的老槐树下举行敬槐神的仪式
5	七月二十二日	财神会	纪念杨氏家族迁至西杨家埠的日子
6	八月二十日	启行庆典日	种完小麦，开始着手准备印画的材料
7	九月九日	开庄日	凡在外设庄的店东及开庄人均到杨氏宗祠集会，由族长带领向老祖宗辞行
8	九月二十六日	熬黄日	全村人统一土法熬制黄色颜料的日子
9	十月十二日	挂"福"字灯日	挂"福"字灯，以期当年年画业兴旺
10	十一月十五日	犒劳案子日	统一在这一天放假，摆宴席，犒赏伙计
11	十二月八日	止案日	这一天一律撤案子停止印画
12	十二月十日	选举子日	选出本村制作、销售年画最佳者为"举人"
13	十二月八日	留古画日	找出自家一张绘印最佳的年画保留下来，期望有一天显灵，成为"活画"
14	十二月二十日	庄会日	在外设庄的杨家埠人纷纷关店闭庄，回家过年
15	十二月二十三日	辞灶日	春节习俗，祭灶日

通过该表可以看出一年12个月中，杨家埠的行业习俗有15个，大部分习俗都集中在"启行日"之后，也就是开始制作年画这个时

间节点。从春天万物复苏起，杨家埠人就开始了与年画制作相关的一系列准备活动——植槐。槐树是杨家埠村的标志性景观植物，目前，杨家埠民俗大观园内，就有一棵明代的古槐，它被称为杨家埠的发家之树。因为杨家埠制作年画用的黄色颜料的材料，就是槐树的槐花。与槐树相关的节日还有"熬黄日"和"槐神节"。可以看出，杨家埠人对槐树的感情，并将其升格为"神位"。这说明老百姓对赋予他们生活来源的"物"的一种感激之情，也体现了老百姓对生命的敬畏与"天人合一"思想的表达。除了对"物"的关切之外，还对年画的制作、生产、传承都有具体的行为规范，如"熬黄日"是为了保证印画颜色的质量，选在同一天熬制，以利于统一把关，以免砸了杨家埠年画的牌子。"启行庆典日"与"止案日"为了从整体上保证大家的利益，制定统一印画的起止时间，有利于商贩按时按量订货，避免市场因无序而造成浪费，因为年画的时效性很强。年画行业的习俗还体现了对人的伦理秩序的重视，如"拜师节""犒劳案子日""开庄日""庄会日""选举子日"，这些习俗日是出于对人的关怀，保证了杨家埠年画业健康有序地传承。"拜师节"与"犒劳案子日"不仅关心儿童的技艺传承情况，也顾及画店伙计的工作热情，有"贿赂"之意。"开庄日"与"庄会日"的设定，旨在提醒外出做生意的人，在规定的时间内要按时回家，这增强了杨家埠村人的"共同体"意识，形成以集体利益为优先的原则，共同发展杨家埠年画业。以至于在年画发展到繁盛时期同一个村庄几乎不存在同行业竞争的情况。"选举子日"的设定，说明杨家埠人对年画的创新与发展所采取的激励措施。

  通过以上习俗意义的分析可以看出，杨家埠年画行业习俗是建立在地缘、业缘以及血缘关系上的一套完整的集体行动规范。这套规范要求每个"共同体"中的人都"受到一套传统规则和习俗的制约与管理","某些活动还伴随着复杂的信仰仪式或公开礼仪"①。它塑造了该村相对稳定的、精神深层的文化特质以及社会组织秩序。这些习俗的制定不是政治权力的体现,而是完全依靠乡土社会中的人的社会生活与生产需求而产生的,具有一定的封闭性。如涂尔干所说的:"把一个源于共有信仰的社会与一个基于合作的社会对立起来,认为只有前者才具有道德性,后者仅仅是一种经济性组合,这种看法是错误的。实际上,合作有其自身内在的道德性。"②这套行业习俗也是地方性道德观的呈现,同时也构成了一种地方性知识。这套知识系统有利于地方社会的凝聚力,增强人们的安全感与幸福感,如人类学家威廉·A.哈维兰(William A. Haviland)所言,如果整个社区都在辛勤劳作,那么通常在工作中便会洋溢着喜庆的氛围。③这对于当代信息社会无论乡村还是城市中渐行渐远的人群都是一种宝贵体验。

三、秩序与生存的社会意义

在农耕时代的乡土社会,行业习俗并非不多见,从人类学的角度,可以将其看成是具有文化意义的社会事件。通过格尔茨的"深

---

① [英]布罗尼斯拉夫·马林诺夫斯基:《西太平洋上的航海者》,张云江译,中国社会科学出版社2009年版,第62页。
② 转引自[英]安东尼·吉登斯《资本主义与现代社会理论——对马克思、涂尔干和韦伯著作的分析》,郭忠华、潘华凌译,上海译文出版社2013年版,第102页。
③ 参见[美]威廉·A.哈维兰《文化人类学:人类的挑战》,陈相超、冯然等译,机械工业出版社2014年版,第183页。

描"就可以观察和分析出人们为什么如此做、如此想以及如何解释他们生活于其中的世界。如果把乡土社会的行业习俗看成是一种具有象征意义的活动。那么,行业习俗背后的秩序作为一种集体潜意识,像一双看不见的手为乡土社会理出一个合乎道德的"无治而治"的文化传统。乡村手工艺行业习俗中的每个时间节点作为一种社会文化的时间秩序,符合乡土社会手工业健康持续发展的社会规律,这个规律是几代人在实践的基础上逐渐建构并确立的,以满足社会中各分子的生活需要。从某种意义上说,木版年画行业习俗这种人造的秩序约束着杨家埠人的行为规范,但同时也使这一行业的成功有序运作成为可能,也使秩序与生存成为一种关乎传统的有机组成。贡布里希说:"混乱与秩序之间的对照唤醒了我们的知觉。"[1] 其实,从视觉的角度来说,秩序更容易引起人们的关注、舒适、美感,如果从心理学的角度来说,这是一种习惯与规范给人们带来的安全感,从人类学的角度来说,秩序是文化与生存的契合性。

近百年来,随着中国社会结构的变迁,存在于旧的社会结构中的秩序必然失去效力,这时人们心理上难免出现紧张、困惑之态。当今社会,经济全球化促使各国"命运共同体"的生成,礼治渐行渐远,法治成为维持人们行为规范的力量。在这种全球语境中,"礼仪作为社会公认合式的行为规范",礼治与法治将会相辅相成地重构出合乎社会道德的经济秩序来。

历史上任何一次复古其实都是创新[2],是一种文化创新,也是一种

---

[1] [英]E.H.贡布里希:《秩序感——装饰艺术的心理学研究》,杨思梁、徐一维等译,广西美术出版社2015年版,第6页。
[2] 刘悦笛、赵强:《从"生活美学"到"情本哲学"——中国社会科学院哲学所刘悦笛研究员访谈》,《社会科学家》2018年第2期。

文化契合性的找寻过程。在这里重新谈论杨家埠年画业的行业习俗是为了探寻那些曾经对生活在乡土社会中的群体起到极大作用的宝贵生活哲学，这个生活哲学不仅仅是那些外在的生活策略，也是融进群体的潜意识的或集体无意识的文化内化吸收。

四、秩序与生存的历史价值

文化一直以来都被看作是代代相传的社会黏合剂，通过人类共有的过去将人们联系起来，而不是一个时代创造出一种当时的文化[①]，杨家埠年画的行业习俗作为一个体现村落社会关系的文化表征，它并非一个文化实体而是一种文化建构的过程。从这个角度来说，即使当今社会，木版年画业因为印刷技术的兴起而衰落，该行业习俗也随之消逝，但行业习俗作为人们日常生活的行为、实践以及文化符号，它是建构与重构当地文化的契合性、了解一个村落的文化整体性以及人与文化的关系不可或缺的社会图像。因此，"深描"民间行业习俗的过程就是理解中国社会结构和历史变迁的过程。

从现代化与全球化的角度来看，在人类迎来第四次工业革命和中国快速进入"互联网+"的社会转型过程中，中国迎来了在高科技基础上的手工艺复兴。这样的复兴现象对于中国未来的社会走向，以及对世界的经济发展有什么样的价值和意义？通过人类学的视角对一个"社会事件"挖掘、记录以及解释，有可能对当下正在转型中的社会文化创新起到一定的历史参考作用。

---

① 参见［美］康拉德·菲利普·科塔克《简明文化人类学：人类学之镜（第五版）》，熊茜超、陈诗译，上海社会科学院出版社2011年版，第50页。

乡土社会中行业习俗的关键性场景往往是用仪式来体现的，对于人类来讲，仪式是一个意义体系，它为人类提供了一种行动的策略，并以这样一种方式来塑造行动者。因此，任何传统的手工艺社区都有与手工技艺相关的仪式，而民间行业习俗就是一个个仪式组成的"丛"。如杨家埠年画行业习俗中的拜师节、财神会、开庄日、辞灶日，又如熬黄日、犒劳案子日、止案日等，这些与行业相关的习俗既是一种经济活动也是一种文化活动。

从行业习俗的历史价值来看，近百年来手工艺作为中国传统文化的根基，在近代社会受到了挑战。由此，中国社会在迈向现代化的进程中，一直面临两种知识体系的博弈，即传统知识与现代知识，地方文化与全球文化，在手工艺领域这种博弈的过程尤为明显。记录这一发展过程的民族志，就记录了中国如何从否定传统融入全球化，到从全球化走向在地化的历史变迁过程。因此，可以说，秩序与生存是人类文化变迁的契合性发展机制，而非过度创新。

董进智：艺术化，乡村的未来
（四川省农业农村厅二级巡视员）

各位老师，大家下午好！

和在座专家学者不一样，我是做实际工作的。我搞了十来年的新农村建设，经常遇到一些问题，逼着我去思考。这次，我正是带着问题、带着期盼来的。

我带来的问题是，乡村艺术化有没有可能？换句话说，乡村振兴可不可以追求艺术化？去年（2018年）以来，我反复琢磨这个问题。

总感觉，艺术化是乡村的未来，乡村振兴需要插上艺术的翅膀，建设富有诗情画意、各美其美的美丽乡村，让乡村有韵味、有品位、有魅力。

一

这个问题，严格讲，是在实施乡村振兴战略的过程中提出来的，尽管以前曾经思考过。实施乡村振兴战略是中华民族伟大复兴的重要任务，目标是农业农村现代化，要实现农业强、农村美、农民富，这是真善美的统一。习近平总书记提出，要打造各具特色的现代版《富春山居图》。

《富春山居图》中有山有水有村庄。习近平总书记由这一代表中国文化的艺术杰作，提出对乡村振兴的要求。我的理解是，要在乡村全面振兴中，把艺术和乡村融合起来，建设艺术化的美丽乡村，让美丽乡村成为现代化强国的标志、成为美丽中国的底色，在全球化的大格局中形成中国美丽乡村的独特画卷。

其实，习近平总书记早就对美丽乡村做过充满诗情画意的描绘。2015年初，习近平总书记在云南省视察时提到的"农村特点""乡土味道""乡村风貌""青山绿水""乡愁"，化成形象，正好是诗一般的美丽乡村。

二

艺术化追求是在工业化过程中形成的。18世纪60年代，英国就兴起了造园热潮。19世纪30年代，英国又掀起艺术与手工艺运动。

20世纪80年代，人们发现日常生活正在审美化。进入21世纪，"品味的问题涉及整个工业文明的前途和命运"。

在我国，人们对美好生活的需要日益增长。与解决温饱问题不同，美好生活追求是多样化、个性化、艺术化的，更加注重日常生活的审美性、体验性。随着人们对美好生活需要的增长，艺术这样的精神产品，将由富贵人家的奢侈品转化为寻常百姓的必需品。建设美丽中国，正是对人们美好生活需要的回应。

事实上，乡村艺术化已经走在路上。四川汉源县以"农情四季，百里画廊"为主题，规划了乡村之画、历史之画、自然之画、田园之画、家园之画"五幅画卷"，建设"花海果乡"，形成了"春天是花园，夏天是林园，秋天是果园，冬天是庄园"的四季农业景观。许村、青田、景边山、石节子，更是让我们看到艺术化腐朽为神奇的力量。

往深层次看，艺术是人的精神需要。按照需要层次理论，当生理、安全、社交、尊重等基本需要满足以后，人们就会产生自我实现的需要，包括审美的、艺术的需要。哲学家、美学家、艺术家、心理学家告诉我们，艺术化是人生的崇高境界。

谈乡村艺术化，自然不能回避"空心化"现象。但是，从世界各国看，在现代化进程中，乡村必然要经历一场痛苦的蜕变和重生。以欧盟为例，二战以来乡村都走向了复兴，目前那里居住在乡村和城乡接合地区的人口，约占总人口的58%。我国城市化已达60%左右，乡村正处在蜕变和重生中。

三

研究乡村艺术化，既要了解艺术，又要懂得乡村。艺术，不只在博物馆、艺术馆、收藏家那里，它早就进入了人们的饮食起居当中，成为我们精神的家园。今天的艺术更是千姿百态、千奇百怪，以至于面对现代艺术，人们越来越迷茫。

话还得说回来，正如一位教授所说："艺术是什么？或许，这是一个艺术理论永恒的难题。但是艺术与我们同在！"的确，没有哪一个社会不与某种形式的艺术相关联。就乡村艺术化来讲，我们在乎的是艺术的存在、艺术世界的开放性和多样性、艺术对我们的意义，以及我们怎么让艺术满足我们对美好生活的需要。

这里还涉及美和艺术的关系问题。在西方，艺术源于原始巫术。在古希腊，美成为"造型艺术的最高法律"。中世纪，艺术又成为宗教的奴仆。近代，美学成了艺术哲学。跨入现代门槛，"不美之物可以是艺术，是 20 世纪伟大的哲学贡献"；当然，实用艺术继续着美的追求。乡村艺术化实践应当去追求美、展示美，用艺术化来营造美好新家园，让乡村靓起来，有"意味"！

为着乡村艺术化，我们必须重新审视乡村。乡村振兴战略的实施，让人们意识到，乡村是具有自然、社会、经济特征的地域综合体，兼具生产、生活、生态、文化等多重功能，与城镇互促互进、共生共存，共同构成人类活动的主要空间。

今天，人们已经看到乡村独特的存在价值。比如：生产上，同鲜活的动植物打交道，呈现出多样性、微妙性和随机性；生活上，相对宁静，富有诗意，给人以浪漫的体验；生态上，贴近自然，友好自然，融入自然，天人合一；文化上，淳朴、互助、和谐，带着浓浓的乡愁。随着经济社会发展，乡村价值将日益凸显。

可以想象，当艺术与乡村相遇，就会激发出新的活力。乡村艺术化正是要用艺术来"化"乡村，以此增加农民的幸福感，满足市民的多样化需要，为美丽中国增光添彩。

四

当然，要说清楚乡村艺术化，对我来说，是非常难的。我想，它应该是从乡村"长出来"的，一定源于乡村的山水、田园、生产、生活、民俗、文化，彰显乡村价值。这肯定离不开艺术家们的深度介入。

也就是说，乡村艺术化应当从乡村里面去挖掘独特的价值、寻找淳朴的品质、发现多样的美、剖析深刻的矛盾，进行多种形式的艺术再造，形成乡土的绘画、雕塑、建筑、音乐、舞蹈、文学等丰富多彩、雅俗共赏的艺术形式，建设富有诗情画意、各美其美的美丽乡村。当乡土艺术涵盖乡村经济、政治、文化、社会、生态各个方面，成为乡村发展的重要动因的时候，乡村就基本实现艺术化了。

这样的乡村艺术化，自然带着浓浓乡愁，烙上农耕记忆，体现着农家情趣，充满着乡土气息，承载着乡村价值，寄托着田园梦想，才是真正有着乡村独特"意味"的形式。可以描述为"自然山水，艺术田园，农耕体验，诗意栖居"。

自然山水。山水林田湖草有着内在的和谐。要牢固树立尊重自然、顺应自然、保护自然的理念，在生态的治理和恢复上下功夫，保护乡村优美的自然环境，保护乡村的生物多样性，并优化结构，让乡村天蓝地绿、山青水碧、风清气爽、鸢飞鱼跃、蛙鸣鸟叫，逐步还乡村以自然之魅。这是乡村艺术化的天然底色。

艺术田园。田园也有意味。要保护和建设基本农田，因地制宜发展种养业，注重种养循环，并融入文化、艺术元素搞好创意设计，推行精耕细作，发展现代创意农业、精致农业，把农业产业建成田园景观系统，让田园景色随区域、季节而变换，让美丽田园成为乡村独特的风景线。这是乡村艺术化的鲜明特色。

农耕体验。农耕不仅有趣，而且积淀了深厚的文化。要发展现代农业，让人们与动植物生命过程打交道，把农业劳动变成农事体验，从参与、体验中品味人生乐趣。同时，保护农耕文明，挖掘传统手工艺，培育民间艺人，提升特色产业，让人们分享乡村美食等活生生的农耕文化。这是乡村艺术化的文化标识。

诗意栖居。村落多少应有几分"姿色"。要保护乡村肌理，弘扬传统文化，科学规划村落，着力改善乡村基础设施，优化民居功能，多样化、个性化展示村落民居风貌，配套好公共服务和商业服务，组织好特色民间文化艺术活动，优化乡村人居环境，让人们"诗意地栖居在这片大地上"。这是乡村艺术化的综合体现。

不管怎么理解乡村艺术化，都须注意，在工业化、城市化过程中，乡村一定要留住淳朴，留住传统，留住美丽，留住乡愁；千万不能以艺术化的名义，把乡村变成城市的垃圾场。

五

乡村艺术化重在实践。我国乡村千差万别，其自然、经济、文化、社会等条件各具特色，推进乡村艺术化必须以多样化的美，打造各具特色的现代版《富春山居图》，让乡村各美其美。

以四川为例，山川秀丽，文化深厚，村庄多样，可建"水墨"乡村。"水"，即山水，代表自然；"墨"，即书写，代表文化，特别是以都江堰、川西林盘为代表的农耕文化。"水""墨"融合起来便是国画，便是艺术，便是艺术化的乡村。平原、丘陵、山区、藏区、彝区多姿多彩的水墨乡村，从空中鸟瞰，正是一幅具有鲜明四川特色的现代版《富春山居图》。

水墨乡村已有雏形。都江堰市柳街镇（现已撤销）被誉为"七里诗乡"；蒲江县甘溪镇明月村成了"国际陶艺村"；康定市新都桥镇是"光与影的世界"……它们的共同点是，辩证地处理乡村与城市、艺术与自然、艺术与经济、艺术与科技、艺术与文化、艺术与审美、艺术与时代等诸多关系，用艺术彰显乡村价值，让乡村有韵味、有品位。

当然，作为一个崭新的课题，乡村艺术化必然会遇到许多新的问题。反思美丽乡村建设中的问题，对搞好乡村艺术化是有益的。曾经，一些地方热衷于大拆大建，破坏了生态，捣毁了文化，浪费了资源，背上了债务，还造成千村一面。吸取类似的教训，应当防止城市景观化、文化断裂、千村一面、中看不中用、建设性破坏和"化妆运动"。

乡村艺术化显然是一个长期的过程。眼下，应当以美丽乡村建设为载体，做好六件事：一是把它纳入乡村振兴规划并注重艺术设计；

二是与农村人居环境综合整治相结合；三是与现代农业园区建设相结合；四是弘扬优秀的农耕文化；五是总结实践经验；六是开展艺术启蒙和加快艺术人才培养。

60多年前，毛泽东同志说：农村是一个广阔的天地，在那里是可以大有作为的。今天，面向未来，我们可以接着说：乡村将是诗意栖居之地，在那里能够实现您的梦想。愿更多的艺术家，走进乡村，伸出化腐朽为神奇的双手，拥抱美好的明天！

评议与讨论

方李莉： 刚才萧放老师和王廷信老师做了发言，在他们两人的发言中，对艺术乡建的共同看法是，一定要让村民们自发地积极地参与，而不是艺术家们将自己的艺术强加给村民。萧放老师讲，他开始以为艺术乡建是艺术下乡，建一个油画村或者是雕塑村，看了展览以后才知道并不是这样的概念，但他还是再三强调要尊重村民，要吸纳村民们参与，我觉得他谈的很重要。

王廷信老师理解得有一定的深度，他认为，艺术乡建就是通过艺术家来肯定村民们，现在的许多艺术家也开始变得谦恭了，他们向人类学家和民俗学家看齐，谦卑地向村民们学习。他们下乡最重要的任务就是让农民找到自信。上百年来我们对农村的批判，对农村的不屑，让农民没有自信，艺术家下乡的目的就是点燃他们的自信。

两位老师提出艺术家们在做艺术乡建的过程当中，不要忘记农民自身的艺术，很多人提出过这个问题，在我看来文化乡建和艺术乡建，都不是所谓的文化下乡和艺术下乡，我们没有东西可以下乡，反而是要在乡村中寻找到我们今天社会发展所需要的养分，所以不是我们下乡去拯救乡村，反而是乡村来拯救我们，来让我们从中找到一条回家的路。农民们的自信在工业化的过程中被打灭了，中国几千年来的许多文化都是农民们所创造的，这曾是一个充满智慧和创造力的群体，但工业革命以后，乡村文化开始成为落后文化，农民成了一个没有文化的群体。所以，在民国期间，许多知识分子搞乡村建设，首先要做的就是知识下乡、文化下乡，去启蒙、启迪他们认为愚昧的农民。那是因为传统农业文明时期的文化被工业文明的文化所取代和覆盖，但今天的观念变了，许多乡村文化就是我们的传统文化，当下的社会背景跟民国时期是不一样的，民国时期我们否定自己的价值，丢弃自己的传统价值体系，是为了要进入当代文明里去。在那样的背景中，我们看不到农村人的创造力，看不到他们所掌握的知识的可贵性，所以我们要去启蒙，要去教育农民，这样的观念一定要改变过来。艺术乡建不是启蒙，是点燃农民的自信心，让他们充满创造力，或者是艺术家们跟他们一起创造。

我们一定要知道，中国五千年的许多传统文化是农民创造的，我们跟农民的关系不仅是平等的，还应该弯下腰去向他们学习我们已经丢失的传统。为什么艺术家做乡建需要与人类学家合作，需要有人类学家的知识和眼光？就是因为人类学家是一个能承认文化差异的群体，能尊重不同的文化知识体系的群体，从这个角度来看问题，城市人所掌握的是现代化的知识，这种知识在现代社会有用。但乡村的传统知识却是中华文化复兴的基础，因此也是非常重要的，需要我们去重新学习和掌握。

每个学者的发言都非常精彩，每个人都提出了一些问题，那就是：艺术乡建能不能成为一个趋势？如果成了趋势，这到底是好事情还是坏事情？如果艺术家的艺术到了乡村，乡村本土的艺术怎么办？我觉得这些问题都提得非常好，其实我也一直在思考这些问题，以前我们提出的研讨题目是"艺术介入乡村建设"，但后来我对这个词有所迟疑。因此，我去掉了"介入"这个词，因为这个词有很强的干预性，我认为艺术家进入乡村并不是去主导乡村的艺术和文化产业的发展，而是将自己的知识和智慧与乡村的知识及智慧相融合，在融合中共同发展。

从人类学的角度来看，任何一个地方的发展，都少不了外来的刺激，少不了和外来智慧及经验的互动，如果没有这一因素，本土的文化是不会发展的。为什么经济落后的地方都是在偏远的交通不发达的地方，就是因为它们没有机会向外来的文化学习。艺术家进入乡村从某种角度来讲也是为原有的知识系统带去了新的能量，这是一种能促进当地文化知识发展的能量。

我觉得董进智先生提出的问题很有意思，他跟费先生的想法不谋而合。费先生讲人类的基本社会是道德化社会，但是如果提高一个层级就有可能进入一个艺术化的社会。道德化的基本社会讨论的还主要是吃饱穿暖，而艺术化社会中的人不仅要吃饱穿暖，而且还要有意味地活着，美好地活着。一般来说，动物是本能地活着，而人是文化地活着，文化地活着的最高层次就是艺术地活着。因为文化是看不见摸不着的，只有艺术才能让文化变成可感可视可触摸的美的形式。

我对"艺术介入乡村建设"概念的关注，不是从对乡村的研究开始的，而是从对景德镇的研究开始的。我从20世纪90年代开始至今花了20多年的时间研究景德镇。这是一个传统的手工艺城市，在很长的时间里发展都很缓慢，是比较落后的城市。但是最近突然活起来了，亮起来了，就是因为有许多国内外的陶艺家进入景德镇，还有艺术院校的毕业生们进入景德镇，他们跟景德镇工匠合作，在这里开设工作室，创作新的陶艺作品。在这些艺术家们的影响下，景德镇出现了很多可以进入当代时尚生活的陶瓷手工艺品，比如茶具、餐具、花器、香器等。之所以说时尚就是因为当下中国正出现"国潮风""中国风"，这也是与生活艺术化密切相关的一种社会潮流。

传统中国的发展形式是农工相哺，因此，中国不仅是一个乡土中国，也是一个手艺中国，在每一个传统的乡村都有自己的有特色的手工艺技术，而艺术家进入乡村可以像景德镇一样，将传统的手工艺振兴起来，形成新的文化产业和旅游业，这样的例子已经在许多乡村出现了。

刚才荣树云在发言中提到了手工艺社区建设，她提出的问题是：非遗类手工艺社区建设的可持续发展在哪里？这是一个非常有意思的问题。荣树云博士很有想法，她的博士论文做得很扎实，研究的是杨家埠年画。杨家埠是一个非常富足的村庄，其之所以富足，就是因为这个地方不光种田，还有年画业，农民们农忙的时候种地，农闲时画年画。传统的乡村光靠种地是富不了的，所以，以前乡村的农民不仅种地，还发展手工艺，从事家庭副业。他们既是农民，又可能是石匠、铁匠、画匠等。荣树云的发言让我们看到，杨家埠是一个再生的乡村，经历过多次的变迁。在受到工业化冲击以前，这是一个富足的村庄，但后来移风易俗年画没有了市场，开始由富足的村庄变成了贫困的村庄。改革开放以后的城市发展使其成为城中村，非物质文化遗产保护使其年画技艺受到关注并复活，村庄的历史再次受到关注，荣树云将其称为"再生村"。她试图用杨家埠这个案例告诉我们,中国的乡村现在正在面临着一个再生的场景,这不仅是文化的再生,也是经济的再生。文化和经济的再生遇到了一个问题,它全靠手艺,不靠土地,土地被开发成了房地产。所以,这里的乡村人既不是村民,又不是城市的人,他们没有了土地,只剩下画年画的手艺,其实光靠这样,手艺也是养不活大家的。以前的年画手艺是为民俗服务的,为当时文化生态服务的,现在农民过年又不贴年画,专靠游客买一点年画,买一些纪念品,这样的模式也是很难做到可持续发展的。很多以前的乡村手艺和乡村工艺品,都是为了信仰而存在的,为了文化而存在的,如果失去了这一根基,手艺也不能可持续发展,她提的问题非常值得我们思考。

王建民: 刚才的发言,包括昨天的展览,确实给了我们很多启发,比如徐平老师提到的关于治理与自治的问题。我们现在说的"艺术介入乡村建设"也好,还是叫作"艺术乡村建设"也好,还是按照萧放老师的说法——乡村艺术重建,不同的提法当然会有一些诉求上的差别。而且我们在艺术乡建的实践中,现在也确实面对一些问题。因为各种想法的人都有,我们现在的乡村也面对一些不同的状况,比如说有一些地方,乡村严重"空心化",甚至是空置的,某种程度上可以说是废弃了,这个时候有艺术家进入乡村,去把这个废弃的乡村改造成艺术村,在原来废弃的基础上重建。

也有艺术家利用一部分废弃的民房,把它改造成乡村建设的一个办公场所,比如说青田几所空置的房子,被改造成了一个乡建的中心,有会议室,还有客房。但是更重要的是怎么样从民间社会去发掘，进行梳理。所以，我理解方老师为什么要选这样三个案例来做艺术乡建的展览，这三个案例对村民的主体性还是比较重视的，比较强调的。当然实际上我们看这三个案例，还是有差别的。比如石节子村案例强调所有的人都是艺术家，村民就是艺术家，他们利用大地艺术，包括村民的家居，村民的生活，和当地的景观结合在一起，整个十多个村就是一个美术馆，居民的生活就是一种艺术。

当按照某种艺术标准去衡量石节子村的时候，有人就质疑说这个是艺术吗？因为没有看到艺术品，只是墙上有一些照片，这个时候其实就对怎么去理解艺术形成了一种挑战。当然我也赞同萧放老师刚才提到的，比如说村民自身的艺术。村民自身的艺术怎么真正为更多的人所知？这里面当然有艺术家介入去做的事情，但我觉得艺术乡村建设者未来有没有可能是村民自己？村民就是艺术家？王廷信教授提的河津民间艺术发展的案例也很好，在这个案例中，政府介入是不太多的，政府介入主要是政策扶持及内容导向，还有安全保障，而不是去改造这个艺术。

我们知道文化是在不断发展变化的，包括乡民自己的艺术形式也在不断发展变化。我到很多地方去考察乡民艺术的时候，发现村子里的老百姓自己拍视频，还挂在网上，供大家分享。村子里面的人自己建一个微信群，里面发大家拍的短视频。村民在做新的自媒体，使得他们的艺术可以有更多的人分享。过年了，让那些因为各种各样的事务没有回村的人能够分享村子里面的事，想着明年一定要回去，这个时候凝聚力就保持了。

所以我觉得治理和自治的关系，非常重要。费孝通先生认为，自治应该利用自己的一套资源，包括社会组织的资源。萧放老师讲的例子非常好，乡村重建里面非常重要的是社会组织的重建，怎么样能够真正把村民自发的那种力量组织在一起，或者说"两委"怎么样真正代表老百姓的利益，代表村民的利益，是很重要的。在一些地方，我也看到了"两委"和村民的权利真的衔接在一起，村民真正信任的一些人进入"两委"里面，然后乡村变成一种当代的社会结构下新的融合了更多民间力量和民间智慧的社会，当然这是建立在文化自觉基础上的。教授们也提到了文化自信，这个自信也很重要，没有自信，你也自觉不起来。所以文化自信与自觉的关系，我们要通过不断地讨论建立起来。

在这个过程中，我们要进一步去思考乡村自身艺术的复兴、乡土艺术的重建，思考怎么样在文化自信的基础上，让民间艺术能够自发地、自在地存在、延续和发展，而且让村民的民间艺术能够站在更大的舞台上，能够在更大的范围为人所知，思考怎么让中国的文化财富和艺术财富更进一步发掘出来，我觉得这一点非常重要。

我们需要重新梳理艺术和乡村建设之间的关系，这个重新梳理，正如刚才三位教授讲的特别重要的一点，就是首先建立在对民间艺术、乡民艺术的尊重上，不能说我去了，我给它"提高""升级"，那么乡村艺术的建设有可能就走偏了，最后变成了我们改造、扰乱乡村。所以首先我们一定要尊重民间，老百姓是我们的老师。我自己做田野调查的时候，经常遇到这种情况，跟人家聊，人家说我是大学的教授，其实到了这个村子，我就是小学生，村民们是我的老师，我教的那些课，是我把从各个地方、各个民族收集来的智慧，做一番整理，告诉学生。当然我们现在也在更多的公众场合，包括学术研讨会，来分析这些民间智慧。但是对民间的知识来说，我们永远是学生。我去了一两次，待了一年两年，我还是学生。其次，我们在过去的艺术教育、文化教育和宣传教育的整个体系中，不断摧毁农村的文化自信，我们不断告诉农村，你们是落后的，你们这些东西是需要改造的，包括对农村的艺术也是这样。如对老百姓的手撕剪纸，我们说这不行，得拿剪刀，拿剪刀还不行，得拿刻刀。以前老太太手撕白纸，撕完了以后，用颜色水喷在上面，干了以后，贴在纸灯笼上。过去灯笼是方的，后来发展成圆的，这都是民间的方式。后来说不行，老太太撕的边很糟，要改成用剪刀剪纸。现在我们到很多地方考察，你会发现剪纸不是剪出来的，而是刻出来的，过去用剪刀剪的剪纸是对称的，现在是一张整纸，拿刻刀刻，就像画家做木版画一样。文化馆搞剪纸展，这些展品放在最重要的位置上，老百姓拿剪刀剪的放在后面，手撕剪纸根本进不去，不够"艺术"。问题是我们的这个艺术观是什么，这是我们要思考的，确实要在艺术人类学的讨论里，重新思辨这些问题。在这样一个过程里，可能民间社会有时候对自己的文化丧失了信心，对自己原本的艺术丧失了信心，那就需要激发和调动它，让它建立起自信来，然后形成一种文化自觉，用自己的方式表达自己，而不是用一种我们在院系里学到的艺术，或者审美的标准来做模板。要真正到村里面，去发掘村民自身的文化根脉和艺术根脉，我觉得只有这样，我们的目的才能实现，这是我们做艺术人类学研究、做民俗学和艺术学研究的知识分子的一种责任，一种义务。

艺术乡村建设论坛，包括这一次方老师的策展团队做的艺术乡村建设展览，给我们带来很大的启发。我们希望有越来越多的公众来关注这件事情，也希望有越来越多的村民关注这件事情，当然我们也希望有更多的艺术家介入其中。方老师在今天早上也谈到了，在这个过程里，人类学家、民俗学家、人文社会科学的研究者和艺术家，怎样建立一个良好的对话平台？我们需要向艺术家学习和请教，但同时又是一种交流的过程，大家共同来研讨，共同来实践，在实践的过程中间再研讨，再回到实践，不断地推进。

2015年的时候，我们举办了艺术人类学的研讨会，方老师也去参加了，有一个专场是整个艺术人类学理论与方法研讨会最后一场，讨论艺术介入城乡建设的问题，当时请了渠岩和左靖老师等几位著名的中国艺术乡建先行者参加。跟渠岩老师交流的时候，我了解到他们过去在许村最早怎么进行乡村建设，在这个过程中间怎么去做一些新的发现、新的调整。还了解到渠岩老师到了广东工业大学以后，在青田这个地方，怎样引导不同的力量去介入青田这个地方做乡村建设，这些力量有基金会，有企业，当然也有村民，包括我们的学生也去做田野调查。我本来想在会议上跟大家分享一个关于艺术乡建的田野民族志的思路，但因为我们会议安排得很紧而没有机会，现在我觉得我们除了强调艺术乡建的重要性、它的价值、它的意义、它的导向以外，还有一个任务，就是更深入地介入及观察艺术乡建的过程。现在我们有这么一个思路，就是将其变为学术研究，去研究艺术乡建的过程，分析这个过程里面各种各样的因素，各种各样的力量，因素怎么作用，力量怎么发挥，这不是一个主体性的问题，是多重性的问题。我们要在共同介入中，把乡村艺术建设做得更好，使我们的乡村更美丽，使我们的乡村真正振兴起来，能够实现这样一个大战略。

王廷信： 大会的讨论非常深入，证明这样的话题能够吸引大家，这样的话题有特别的丰富度。这一场有几位专家做了演讲，每位专家的演讲都非常有特色。色音教授通过苏泊罕大草原民俗旅游的案例讨论了我们的政府和企业通过发展旅游业介入当地生活之后,能够给当地带来什么变化。我觉得这是一个非常值得思考的问题,一百多年来,现代文明的发展对传统的农耕文化,或者是草原文化侵蚀太多了,造成了农村地区特别是牧区的优秀人才不断涌向城市。为什么涌向城市?是因为很多资源集中在城市。我们国家经济在崛起,已经发生了很大的变化,当我们开始顾及乡村建设的时候,发现农村已落后很多,农村的生产开始凋敝,出现了很多"空心化"的地区。现在我们有机会用城市的文化来反哺乡村建设,我觉得这为乡村建设注入了很多活力。我们发现城乡之间的对立慢慢在缓解,城和乡之间互相反哺的机遇越来越多,这与我们经济发展、社会发展,尤其是现代传媒技术和现代交通的发展密切相关。色音老师讲的这个案例,我觉得非常有价值,能够体现出城市向乡村反哺过程当中独特的思路和成功的经验。

这几位专家思考的问题是紧紧围绕我们今天的话题展开的,他们提供的理论思路也好,提供的案例也好,对我们今后思考乡村文化、乡村艺术建设,尤其思考我自己特别关心的中国的传统艺术在当下社会的生存状况,都非常富有启示意义。由于时间关系,我没有办法用更长的时间把几位专家讲的精髓讲出来,希望会后我们有更多的讨论,谢谢。

金江波: 我是来自艺术院校的艺术教育工作者,其实在我们学科建设当中,有很大一部分就是艺术如何为社会服务。在艺术为社会服务过程中,我们也提倡艺术作为生产力、艺术家作为有创造力的人为各行各业的需求提供与实际结合的解决方案。所以我们今天看到，在中华世纪坛展览中所呈现的艺术家参与，或者说艺术家介入的乡建活动呈现出各具特色的方式方法。

对于乡村来说，我们的艺术是被需要的吗？乡村建设需要艺术主导吗？农民们是否需要艺术化的生产、生活方式呢？我相信今天下午的几位嘉宾也带来了他们的答案。邢莉老师从当地具有历史文化传承的、作为人类文明结晶的一个非物质文化遗产——西王母信俗的角度来谈，如果能够很好地把这个传统的文化文脉活态地传承下来，同样能够变为这个地方政治文化生活重新转型的一个撬动点。而且也谈到了把这样的历史文脉的挖掘和传承，变成一个公共文化的平台。公共文化具有教化的功能，艺术如果能够介入公共文化教育就带来了教化的作用。也就是在案例当中所提到的，用艺术的方式来提升当地人对历史文脉的文化自信，让艺术成为我们教化的一个媒介。这当中就谈到了艺术的介入如何把教化变得更加触动人心。其实我相信包括石节子美术馆这样的计划，包括许村计划，都能提供这样的可能性，在文化重新挖掘的过程中发挥艺术的价值。

我们看到很多农民的原创艺术甚至不输给艺术家，而且农民的原创具有鲜活的生命力，它来自当地的文化血脉，扎根在这个地方，有一种血浓于水的情感在里边。我们艺术家、设计师、创意工作者能不能为这个活态传承寻找创造的可能？邢莉老师提供了一个思路，让文化遗产变成公共领域的文化资产。在公共性被重新树立的情况下，在地的特点使当地文化遗产成为在地的文化财富，这就是公共文化在地的呈现。艺术就是一个媒介，让它变成更好的公共产品。前面的发言可以给我们这样的思考，同样让我们回顾现在为什么选用三个案例解读当下的乡村振兴和艺术乡建的关系。

还有安丽哲老师。从她的发言当中我们能够粗略地找到一个线索，那就是她从传统历史经验当中发现有些地方的历史传承，或者有些地方的手工艺作坊可以成为一个地方的文化品牌，成为一个地方农民致富的方式。她试图告诉大家，怎样做是成功的。我相信在她的研究课题当中，还会有同样有价值的内容供大家参考和阅读，我也提议，对传统手工艺的当代转化和现代生活的融入方面感兴趣的朋友可以单独跟她交流，我相信她有很好的建议。

最后一位是来自四川农业厅的干部董老师，他站在政府规划者的角度，把成都这个拥有历史文化文脉以及生态文明等一系列优厚条件的地方，如何变成人类在城市文明之外诗意栖居的空间，甚至满足人最根本的精神和身体需求的生活空间呈现给大家。我相信这种呈现方式和艺术的介入、艺术家主导的工作，为政府实现乡村振兴的蓝图提供了一个视角，而且正因为他的这个视角，我们可以看到，乡建是一个复杂的系统，它也是一个非常综合的系统。一个艺术家或者一个机构、一个作者，包括我们高校的设计师，或者教授是很难应对这个系统的。也就是说，在这样的社会体制之内，乡村的问题不单单是艺术化的问题，还可能牵扯到社会的治理，牵扯到乡村生产方式的转变、生产工具的转变。他希望用艺术的蓝图，用艺术化的方式呈现完美的生活样态，这个生活样态是我们以政府为主导的乡村振兴最希望看到的乡村业态，它可以挖掘当地的文化资源变成我们新的文创产品，同时保护了良好的生态，又获得了可持续发展。这样的案例，和我们今天看到的展览以及其他学者的讨论，具有明显的价值观上的差异，这种差异可能会给我们这些学者带来一些新的思考。因为我认为，我们学者的思考应该站在人类终极命运的角度，站在人类学的角度，站在社会习俗和文化传承的角度，结合政府的理念，把一个地方的政府、学者、艺术家、生产工作者、商家，乃至我们的村民变成利益共同体，让乡村成为新时代实现人类命运共同体的引擎。

第二部分

艺术乡建的经验与启示

王永健：日本"社区营造"对当代中国乡建的启示

（中国艺术研究院艺术人类学研究所副研究员）

通过这两天看展览，包括聆听上午专家的发言，我学到很多，收获很大。2016年举办了首届北戴河艺术论坛，2017年在北京宋庄举办了第二届中国艺术乡建论坛，今年（2019年）举办的是第三届。三年当中，每一次研讨都涌现出很多案例和成果。学术乃天下之公器，以方老师为学术带头人的这样一个以人类学家、艺术家、文化学者、建筑师、设计师等组成的学术共同体，从自发到自觉，来举办艺术乡建展览和论坛，对于中国当前的乡村振兴和社会发展是有真正推动作用的。

第一届北戴河艺术论坛期间，参会的学者达成了美丽乡村建设的共识，论坛文集已经出版，第二届中国艺术乡建论坛的文集也于2021年出版，我感觉每年的案例研讨越来越丰富。我们始终在思考一个问题：我们到底需要什么样的乡建？什么样的乡建才是一个具有标杆性的、引领性的成果？我们通过这次活动，结识了很多朋友，有的老师专门来参加这个会，他本身是老家村子里的文化精英，想为自己老家村子的建设做一些事情，因此他专门来到论坛上学习，这让人非常感动。

我今天的发言主题是"日本'社区营造'对当代中国乡建的启

示"。日本社区营造起步很早，二战之后就开始了，积累了很丰富的经验，这些经验对我们今天的乡建具有借鉴意义。我为此向日本的一个教授求教过，他给我提供了一些文章和著作作参考，我从这些角度谈一下。

我讲三个问题：第一，何谓社区营造；第二，谈两个案例；第三，日本社区营造给我们带来的启示。

日本社区营造并不只是对乡村的营造，它指的是对城乡概念的营造。有很多的词，像"乡村振兴""地域活性化""造町"，都是日本概念里的社区营造。二战之后，日本的居民就利用本社区的资源和资本，在自组织模式下对社区进行可持续性的营造活动，这种营造活动持续时间很长，一直到今天还在进行。我们应该注意的是，在社区营造过程中，对社区居民的主体性和自觉性的尊重和发挥，是很重要的。

社区营造的目的是让当地居民追求幸福，使社区成为实现社会福利的地方。社区不仅是地方居民交流的场所，也是恢复人性，获得精神安宁、安全和休憩的地方，是心灵的故乡，这个很有启发意义。我们对社区营造的期望可能不仅是满足居民安居的需求，而是一种更高层次的，实现诗意栖居、找到释放乡愁的地方的需求。

日本社区营造主要经历了三个阶段，为了更为深入地理解这一概念的内涵，现将日本社区营造的发展历程做一爬梳。

（一）解决农村地区贫困和人口过疏问题的初期阶段。日本的社区发展是伴随着农业、工业和城市化进程而逐渐兴盛起来的，20世纪60年代至70年代中期是日本经济高速增长的时期。1961年颁布的《农业基本法》标志着日本农业现代化的全面开展，并迅速在全国普及了农业机械化作业。机械化程度的提高使大量的农业人口解放出来，同时，工业化的发展吸纳了大量的农业人口涌入城市，高速发展的经济使人口越来越多地集中到城市，同时农村人口锐减，很多社区出现了人口过疏现象。相关研究表明：1955年，日本农村人口占全国总人口的比重是43.9%，至1978年，这一数字降至24.8%。[1]到2017年，日本农村人口的比重仅为6%[2]，这是一个非常低的数字，可见日本乡村社区人口过疏问题的严重程度。这与中国从20世纪90年代中期以来所经历的农业机械化程度提高，大量的农民工进城务工，农村"空心化"问题的出现是一样的。

在这样的背景下，日本政府提出了社区营造的理念，并于1971年颁布了《农村地区引进工业促进法》，吸引农业人口回乡创业。农业观光开始出现，很多乡村社区兴建了农业观光园、农业历史博物馆、农耕体验区等，吸引游客，使农民可以获得较为可观的收益。这些举措的实施，在一定程度上使社区的面貌得到了改变，乡村社区的人口稍显增长，但是并未从根本上解决问题。

（二）经济低速增长期以重塑城乡关系、人与环境关系为导向的中期阶段。20世纪70年代中后期至90年代，日本经济进入了低速增长期，主要原因是1973年爆发的石油危机，使能源完全依靠进口的日本受到的冲击较大，提高了制造业的成本，从而使日本的GDP一度出现了负增长，造成了经济整体大规模下滑。城市大工业的发展，带来的影响是人口继续向大城市集中，乡村人口持续下降，自然

---

[1] 参见任震方《关于日本人口的一些资料》，《国外城市规划》1980年第1期。
[2] 参见董先勇—南生《中国、美国、印度、俄罗斯、巴西、日本等农村和城镇人口比率对比》，http://k.sina.com.cn/article_1990953592_76ab8a78001008yrh.html，2018年8月4日。

生态环境遭到破坏，造成了污染，人与环境的关系亟待修复。曾担任两年日本首相的田中角荣出版过《日本列岛改造论》[①]一书，该书包含了他对于地方开发政策的基本观点。他试图通过用高速公路和新干线铁路等高速交通网络将日本全国连接起来，扭转产业、人口、文化过度向大城市汇聚的趋向，将发展重点转移到地方上去，推进地方工业化发展，重新布局全国工业发展格局，从而解决大城市人口过密和乡村人口过疏的问题。透过田中的改造策论，我们可以很清晰地看到，当时日本大城市规模过于庞大、地方城镇发展萎缩的城乡关系紧张状态，他试图通过路网联通的手段来改变现有的城乡格局，重塑城乡关系。

经济的低迷导致了消费的下降，也使日本的乡村社区再次陷入困境，大量的农业观光园、度假村等破产。日本政府开始反思产生这些问题的症结。同时，为了保障社区营造能够继续稳定地推行下去，日本政府陆续颁布了《市民农园整备促进法》（1990年）、《农山渔村旅宿型休闲活动促进法》（1995年）等法案，这些法案的实施以重塑城乡关系、人与环境的关系为导向，为社区营造提供了政策层面的支持和法律层面的保障。

（三）将举办"艺术祭"作为重振社区活力的新阶段。艺术与社区营造的联系始于20世纪60年代发起的"雕塑的城镇发展"项目，雕塑从美术馆的展览走向户外。自此以后，随着公共艺术的发展，很多艺术项目开始进入社区。2000年以来，日本各地以艺术为手段带动社区营造的案例飞速增长，各方媒体争相报道，引起了各界的瞩

---

① ［日］田中角荣：《日本列岛改造论》，秦新译，商务印书馆1972年版。

目，很多社区营造的案例往往被冠以"艺术祭""艺术节"①等名号出现，吉田隆之将艺术祭分为大都市举办的"都市型艺术祭"和偏远地域人口过疏化问题较为严重地域举办的"地方型艺术祭"两种类型。据统计，从2016年至2019年举办的艺术祭中，事业费超过1亿日元的有13项。②它们通过运用社区的历史、自然和文化资源，借助艺术的手段活化没落的社区文化，如一些人口过疏的社区和偏远的岛屿等所谓的边缘社区。从世界范围内邀请当代艺术家入驻社区，并为这些艺术家提供空间和各方面的支持，让艺术家可以在这里自由地创作作品，作品完成后通过艺术祭进行集中展示，以此为手段吸引海内外的游客前来观光，通过消费活动促进社区再造，重振社区活力。同时，日本政府陆续实施了《日本文化艺术振兴基本法》（2001年）、《景观法》（2004年）、《观光立国推进基本法》（2007年）等法案，以配合社区营造的发展。经过了50多年的发展历程，大量的艺术项目在社区中得以建立，以艺术作为手段助力社区营造取得了成功。

我们看到，20世纪60年代日本面对城市问题，开展了国家大型基础设施建设项目，推行大城市优先的自上而下的国家政策等。在21世纪，日本面临的主要问题是在人口减少的时代，城市中心区居住环境如何改善的问题，还有现有城市肌理如何更新、文化遗产如何保护与利用，以及遭到破坏的景观如何修复等问题。日本社区营造是一个自下而上的行为，并不是在政府主导下的自上而下的行为。

---

① 这种艺术祭的形式源自欧洲，意大利的威尼斯国际艺术双年展和美国的卡内基国际展均有悠久的历史。
② 参见吉田隆之《艺术祭与地域振兴：从自愿接受艺术祭到合作开发固有的资源》，水曜社2019年。

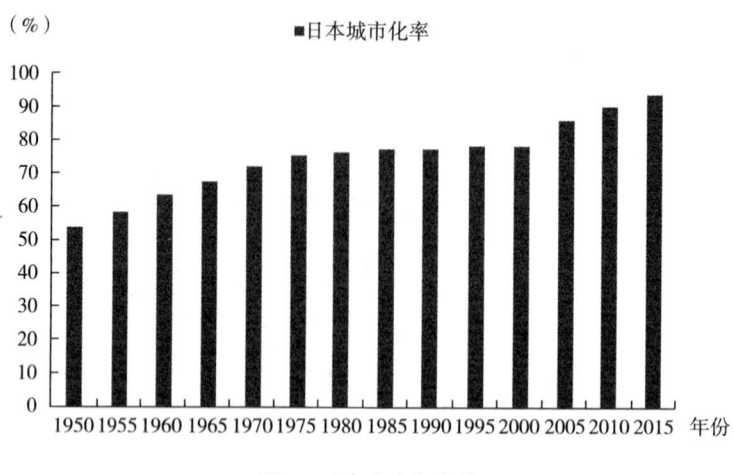

图 1　日本城市化率图

  我们从图1可以看到日本城市化发展的速度。1975年，实际上日本城乡收入差距从1950年的1.19倍缩小到0.95倍，农民收入已经超过了城市的居民收入，城市数量从1950年的254个增加到644个。日本学者吉田隆之指出，日本面临的第一个问题是人口减少，2010年日本人口有1.28亿，预估到2053年日本人口低于1亿，到2065年减少三成而变成8800万，2115年就更少了，那时候日本可能只有5000万人口以下的规模。实际上我们今天在城镇化过程中同样面临这样的问题，我们面临的城镇化问题不是人口增加而是人口大量减少，是出生率降低了。第二个问题是终生未婚的问题，这个问题很有意思，在2015年日本男性中每四人有一人是不结婚的，女性中每七人有一人是不结婚的，这个也是很可怕的事情。第三个问题是老龄化，日本作为世界上第一长寿的国家，预估到2060年，高龄人口将占到总人口的39.9%。可以说老龄化现象是非常严重的。第四个问题是城乡差距扩大，跟我们面临的大城市极度扩张也是一致的，像北京现在已经建到了七环。这种城市的极度扩张也会产生一系列的城市病。

下面我想分享两个案例，一个是越后妻有大地艺术祭，一个是高梁市社区营造。越后妻有是日本新潟县的一个地方，比东京还要大，这个地方人口很少，老龄化现象非常严重。但是，当地通过将一些非营利组织、农协组织和社区居民组织在一起，通过举办大地艺术祭的形式共同振兴没落的乡村。他们面向全世界招募艺术家，艺术家来到当地，与当地人共同创作艺术品，这些艺术品就在大地艺术祭活动的现场展示。他们建立美术馆，塑造艺术景观，把艺术景观散落在社区的土地上，通过举办活动的方式振兴乡村社区。这种社区大地艺术祭做得很好，影响力很大，他们有一个专题网站，这个网站有中文版、英文版、日文版，有什么重要的事情都会在网站上公布，具体什么时间做什么事都会在网站上写出来，包括2019年做的三年一届的大地艺术祭。我从去年（2018年）开始就一直追踪他们的进展和活动。

通过举办活动会吸引大量的人到当地去观光旅游。这里有他们的美术馆，美术馆提供什么样的服务，都会在网站上写得很清楚。他们艺术祭的活动中心，会在雪地上举办燃放烟花的集体活动，很多游客都会在这里聚集。他们还会在雪地上做一些艺术作品，这些和艺术家一同创作的作品，就放在公共空间里，让人们近距离触摸体验。他们平常也会搞一些活动，比如种稻子的时候，他们会在网站上发布一些公告，很多人看到信息都会参加，跟当地的老百姓一起体验种田。

第二个案例是高梁市社区营造，这个案例带给我们的启示是什么呢？我想先讲一下它的发展历程。高梁市社区营造持续时间很长，从1993年开始一直持续到现在。这是日本明治大学建筑学科的小林正美教授带领自己的团队，跟高梁市合作参与的一个社区营造项目，课题组出版了一本《再造历史街区：日本传统街区重生实例》。他们实行专家工作营制度，每年有什么大事情，哪一年做什么工作都会在这里体现出来。他们通过设计改造，让街区呈现出了新的面貌，原来脏乱差的河道经过设计之后变成了景观，实现了社区景观的修复与再造，得到了社区居民的认可。

我最后总结一下，日本社区营造对我们的启示是：第一，要有政策、立法支持来保障乡建，完善的立法和政策会激发企业的参与热情。从20世纪60年代以来，关于社区营造方面的法案，日本颁布了40多部，并且一直处于更新的状态，随着时代的发展而不断调整，包括2004年颁布的《景观法》法案。而且企业与这些项目有对接，我觉得从这个层面来说对我们非常有借鉴意义。

第二是参与协作的方式。开发建设居民参与型工作坊，尊重当地人的主体性和主动性，全面掌握当地存在的问题，从而激活当地居民的参与，这个层面是非常重要的。要了解当地的人到底需要什么样的社区营造，因为我们介入也好，参与也好，一定不是一种植入，将我们的想法强加于他们，而是在彼此互动与沟通过程中逐渐形成共识，达到的比较容易沟通的融合状态。

对于社区居民的认同感问题，我想起了一个很有意思的案例。2014年我去上海音乐学院开会，拜访了《梁山伯与祝英台》的作曲者之一何占豪先生，他讲了一个故事，便是关于社区居民认同问题的案例。他说："我在读大学一年级的时候，学校组织了一个学术文艺慰问团，那时候上海市的徐汇区还是农村，我们去那里演出。演出的时候，村子里一听说上海音乐学院管弦乐团来了，全村老百姓都来了，足足有两三百人。但是，演出不到半个小时，现场观众只剩了一个人，其他的全走了。我们这些大学生也非常有热情，心想着哪怕有一个观众我们也得坚持演奏下去，到最后结束足足演了一个半小时。结束后，我作为领队就走到台下去跟没有离去的村民打招呼，并表示感谢。然后我问了她一句：'大娘，其他人都走了，您为什么没有走？您喜欢我们管弦乐队吗？'老人家的回答很实在，她说：'我也听不懂，但是你们坐的板凳是我家的，我要等着你们结束了拿回去。'"这个案例很有意思，所以社区居民到底需要什么东西，什么样的东西能让他们形成认同，一定要搞清楚。

第三是建立专家工作营，由专业研究队伍和学生组建团队到社区展开社会调查，听取当地居民和政府部门的意见等，并提出设计方案和解决思路。高粱市的案例就是明治大学的研究团队参与的，他们是专家组成的专家工作营，代表当地居民跟政府进行沟通，我觉得取得了很好的成绩。

第四是设立一批民间智库机构和一批乡建 NPO。NPO 是非营利性民间组织，能够有效地沟通政府、社区和居民。因为日本的社区营造是自下而上的方式，因此，这种机构非常重要，它可以充分地倾听民意，并代表民意跟政府沟通。从长远发展来看，NPO 在乡建过程中是不可或缺的角色。

从昨天我们在中华世纪坛看到的三个展览案例来说，项目的参与者们都做到了充分听取民意，而且能够很长时间参与式地进行社区营造。像许村计划和青田计划，他们参加了很长时间。而且这三个项目的主持人都是大学的教授，他们不仅是艺术家，也是有人类学气质和修养的专家。像石节子美术馆这个项目，我觉得理念价值大于艺术价值，它带给村民全新的认识和改变生活的理念。乡建不仅是对村落进行设计盖房子，同时也是营造氛围形成人的生活理念，营造诗意栖居的生活空间。谢谢大家！

袁瑾：从信仰艺术到公共文化
——当代乡村庙会艺术重构的趋向研究

（杭州师范大学学术期刊社、杭州师范大学学报编辑部主任、副教授）

各位专家学者，大家下午好。感谢主办方给我这样的机会来到这里学习，今天我要跟大家分享的是一个来自田野的案例，我汇报的题目是"从信仰艺术到公共文化——当代乡村庙会艺术重构的趋向研究"，我们要讨论的是关于绍兴会稽山区舜王庙会民间表演艺术重构的问题。

近年来，随着非物质文化遗产保护工作的深入，各地的民间庙会活动也逐步恢复，自发参加者众多，庙会成为当地颇有影响力的文化活动之一。庙会活动以神灵祭祀为主题，并伴有大量民间表演，一直被视为地方性民族文脉考察的重点。作为庙会传承的核心，民间信仰与这一类民间艺术表演之间存在着复杂而密切的关系。作为神灵的祭品，民间艺术是庙会信仰形式的重要、典型载体，民众们借敬神、娱神、酬神而娱人、聚人。绍兴舜王庙会也是在这一大背景中涌现出来的、颇具特色的民间庙会活动之一，其中各种民间艺术表演的恢复特别引人注目。舜王庙会上的民间艺术主要包括民间小戏、民间舞蹈、杂耍武术、民间造型艺术、民间音乐等，集中反映了舜王信仰的地域特点与当地的艺术个性。

然而繁华热闹的表象之下，我们也应注意到，伴随着山区经济文化的发展，农耕文明生活方式逐渐消退，宗族家庭结构慢慢解体，民间表演的复兴正面临着诸多新的挑战，其中不少已然超出了单纯的艺术技艺层面，而涉及社会结构、观念意识、审美评判等诸多因素。如何理解当下传统民间表演艺术的生长机制，进而在更广泛的意义上讨论传统之于现代生活的意义，不仅仅是个学术问题，也是非物质文化遗产保护工作中的现实问题。

我将分三个方面来讨论重构问题。第一是信仰的场景；第二是表演的象征与自我阐释；第三是对公众的文化展示。

一、会稽山区的舜王庙宇群与舜王信仰

绍兴南部会稽山区、诸暨枫桥、嵊州北部山区以及上虞以西一带虞舜信仰盛行，文化积淀十分深厚，至今留有不少相关传说、自然历史风物、庙宇以及庙会等信仰活动。舜王菩萨是当地民众普遍崇拜、敬仰的神灵，并逐渐形成了农历九月廿七舜王诞辰朝山进香的传统，除此之外，每隔几年，还要举行声势更加浩大的巡会活动。

舜王庙会以双溪江舜王庙为中心，辐射周边十几个村落。从地理位置上看，双溪江舜王庙虽然坐落于会稽山区，但正好处于小舜江水系。小舜江全长73千米，为曹娥江下游最大支流，旧时是山区主要的物资运输线。物资在此中转，往东进入曹娥江，再由大运河运往杭州、上海等地。庙会期间，往往会吸引远近商贾汇集于此，形成了颇具规模的临时性集市。当地有俗谚，"平水岳庙六月廿九箩篓会，双江溪舜王庙九月廿九缸甏会"，讲的就是庙市上缸甏、陶器等农家日常生活的必需品数量多、品种丰富。

舜王庙占地 5000 多平方米，山门东面修有 128 级上山石阶，俗称"百步金阶"。台阶一侧有石栏，栏柱上刻有花瓶、如意等吉祥图案。金阶中段有一梯形平台，庙会期间这里可以用来搭彩牌楼，也可用来放铳、放炮。百步金阶的尽头就是舜王庙山门了。舜王庙承袭了明清建筑的典型风格，采用中轴对称，平面铺开的传统建筑样式，以山门、戏台、大殿和后殿为纵轴线，东、西两侧前部有看楼，后半部为配殿，并有外厢房，是一个三进二大殿一戏台的封闭式院落建筑。戏台，是庙宇中最重要的表演空间。戏台面朝大殿，为三面伸出的开放式高台，一面与山门后檐相连。戏台为三重檐歇山顶，屋顶巨大，呈曲面形，屋顶四角向空中伸展，高高翘起，整个屋檐被拉出一条陡峭的曲线。戏台与东、西看楼相连，离正殿仅有 4 米距离，合围起来形成了一个相对独立的观赏表演空间。舜王诞辰时，连夜赶来念经的信众在庙内宿夜、听戏，并跟随着巡会的队伍在行进中表演，或者进行现场的即兴演出。

以双溪江舜王庙为中心，会稽山区还分布着不少村落级的庙宇，一村一庙或几村联合建一庙，供奉舜王以及舜王的亲属神灵。目前尚存的以"舜王"或者"大舜"命名，直接供奉舜王的村庙有 20 余座，分布在周边王坛镇、稽东镇、平水镇、谷来镇、上虞区、福全镇的几十个山村中。舜王庙与村庙之间主要通过祭祀活动相互联系。舜王巡会之际，相应村落需要在村中舜王庙或村口交通要道设立"供棚"，备五牲福礼、香烛供桌，并由专人迎候巡会队伍的到来。队伍到达后，循例祭拜一番，称为"驻马"。若是队伍越棚而过，则会被该村视为奇耻大辱，往往因此引起纠纷。若神像当晚在村庙中过夜，是夜庙中要拜忏祭祀，并唱绍兴大戏，而远近村子的男女老少都会过来凑热闹。通过这样的方式，庙宇群相互联结，从而形成虞舜信仰较为稳定的地域边界，也为民间艺术表演提供较为固定的空间存在。

二、表演的象征与自我阐释

庙会上的表演在不断重复中形成了一套属于自己的传统，它的文本系统由动作、造型、音乐、道具、唱词、服饰装扮等组织而成，这些充满象征意味的符号，"在社会生活中或社会的一个部分里扮演着自己的角色，而且在事实上是它们给社会注入生命。在这儿，意义也是源于使用而起，或更确切地说，是从使用中产生的"。

因此，对它们的研究就要超越艺术样式的层面，而把它们当作民众生活、思想的范型，去探究"他们实现理想生活的一条大路"。这一点首先体现在表演的舞队上。巡会上表演的队伍总给人一种混乱的感觉。但是如果我们仔细分辨，就会发现就具体的单个表演项目而言，它是开放性的包罗万象的大水池，但从队列的整体来看，其中自有逻辑。以神轿为中心，之前有仪仗队，包括"回避""肃静"牌匾、抬锣、举旗、华盖、撑伞等，在仪仗队的护卫下，神轿颇具威严气势。神轿后是表演队，表演队的规模最大，内容最丰富，形式也最灵活，表演形式可分为扮演、杂技、武术、鼓乐和歌舞等。表演队后面还有一个后拥队，当队列不断向前走的时候，旁边的信众自然而然加入进去。

舞队的组成和它的功能有关系，第一是献祭，第二是祈福驱邪。因此组织者非常重视队列仪仗的完整性。相对而言，表演队在这个队列中最具灵活性，表演项目的增减、形式的变化，都可根据彼时的实际情况进行调整；但是仪仗队和神轿的形制则必须保持完整，要符合帝王的礼制，以此保证功能上的完整。至于仪仗的形制，则完全来自生活的灵感，民众将生活所见的官员出巡的一套东西十分殷勤地献给了菩萨，来表示自己足够的诚意。舞队沿途有驱散鬼怪邪佞的作用，比如队伍的前头有一人扮演"打架老鼠"，当地俗信，若是让打架老鼠敲到了，必会带来好运。

再深入一点来看看细节，其象征意义就更加明显了，比如装扮。民众自发参与的表演，其装扮一般都比较简单。现实中，不少演员都是村民，年龄大都在五六十岁之间，他们的装扮比较简单，主要模仿一些戏曲人物的装束。为了能够最大限度地表现出所扮演人物的性格特征，往往采用"以点带面"的策略，利用一些道具或者化妆技巧，表现最具典型性、标识性的造型特征。比如八仙，早期表演中表演者并无面部化妆或者服饰，只是使用一些简单的道具表明身份，如吕洞宾拿着宝剑，蓝采和提着花篮等。近年来，参加巡会的外来者多了起来，装扮也愈发精致，有舞台感了。

不过，这一类表演中，"观""演"双方交流的密度与强度较大。观看者可以较为自由地对表演者的艺术水平进行品评，表演者也会根据现场的反应增加或者删减一些表演的内容。"观""演"双方享有共同的文化背景，表演框架中诸多要素与符号的联结，能够无所阻碍地获得双方对意义的认同。此外，就观看者而言，他们在此过程中同时进行关于自身意义的建构，即他们将情感投射在感觉形象和表演行为当中所获得的对现实生活的"终极"理解，成了他们彼时对自身当下生活中一些事件的解释。

三、面向公共的文化展示

考察近十年的庙会表演变化，有两个变化颇为瞩目，即表演的审美化、娱乐化与公共文化特征日渐凸显。"公共"相对于"私有"而言，公共文化是开放的、全民共享的文化类型。人们拥有相同的语言、信仰、道德、价值观、习俗和生活方式，形成以公共文化为表征的社会共同体。公共文化对于族群自我认同、社会凝聚具有结构性的聚合作用。庙会中的表演活动是为一定人群所共享的生活文化，历来就被视为一定地域文化空间内民众重要的公共文化活动。它的参与者没有年龄、身份地位、财富、职业、户籍等方面的限制，性别也只是在一些特殊的祭祀仪式中受到限制，个人只是凭借个体的身份存在就可以参与其中，并对群体产生感知。这一类民间信仰活动往往并不局限于祠庙等单一空间，具有较强的灵活性和开放性。在舜王巡会中，巡会的仪仗队伍足迹遍及乡野，途中常常有新的会社表演临时加入，也有会社临时退出，并有手持香火的信众在迎神队伍经过时起意加入其中，跟着走一段路。广泛的参与性与高度的开放性赋予民间信仰天然的公共性特征。

这一类活动能够作为地域性公共文化资源，参与到当下民众生活文化建设中，更深层次的原因在于群体性的情感认同。在传统乡土社会中，庙会活动以民间习俗的方式深深根植于民众的日常生活世界中，构成了他们精神生活的基本层面。民间信仰归根结底是对超自然力量的崇拜，但在儒家思想、神道设教的长期影响下，这些神灵常常表现出鲜明的伦理道德化特征。它的主旨仍旧是教化民众和睦向善。这一点在宣扬传统的孝道伦理方面表现得尤为突出。

表演中涉及的艺术类型、文化英雄人物、吉祥图案等，通过民众长期的信仰实践连贯成一体，并获得了、稳定了意义指向。民众对他们的认知已然固化为一种群体的"传统知识"，而他们的形象也在长期的传播中被固定下来，成为群体性的文化意象原型。当下，这些民间信仰的象征、实物载体在各地民间信仰文化活动中又被重新赋予了历史感和地方传统文化代表的特性。将它们合理地运用于实际，能够在现代社会变革中显示出民众生活的历史延续性，而成为文化地方性、中国性的重要标志。

四、结语

以上是对当代庙会中表演形态一个个案的调查和讨论，从中我们可以窥见民间表演在当代传统文化现代转型中的自我发展能力。由此我想到我们作为研究者游走乡间收集资料，意义是什么呢？听到专家的发言，我此刻想到的是我们在他们的生活中，捕捉他们每一种希望表现的内容、每一种抒发，将之嵌入当地文脉传承当中，并与他们一起争取更多的文化话语权，应当是现在我们能做的。而基于这一点，乡村艺术的介入就是很好的切口，谢谢各位。

渠岩：艺术乡建——中国乡村建设的第三条路径

（广东工业大学艺术乡村建设研究所所长、艺术乡村建设实践者）

不论是20世纪的20—30年代，以社会改造和文化转型为目标的乡村运动，还是21世纪以"致富"或"小康"为社会理想的新农村建设，几乎都是服务于国家现代化建设与发展和经济增长的基层治理。而且，它还体现当代乡村治理中的一种隐而不显的结构性思维，即习惯性地在宏观发展规划的地盘和主流意识形态的沉重引力中，重复性地将"乡村"制造成现代化发展和城镇化推进的管制与帮扶的"对象"，并给乡村建设介入者和开发者一个冠冕堂皇的合法性理由，以此来充当"介入"乡村的美好姿势。可问题是，他们都共同忽视了"乡村"作为一种文化与社会形态所特有的价值与意义，也同时忽视了乡村在全体国人心中寄托的历史记忆、文化理想、家国情怀与个人情感。

民国早期的乡建知识分子在面对中国现代化危机时，大多是怀揣以乡村危机为出发点的"忧患意识"，加之以"改造"的举措来达到拯救乡村的目的。因为，西方文化的强势威逼及其所促成的革命引力，导致了中国传统社会儒家礼俗的危机。所以，乡村建设的前辈们就大声疾呼要全面接受并改造西方先进文化，同时也要保持中国传统儒家文化。他们还倡导中国乡村要建立自己的社会自组织，以有效解决农民的生活和教育问题。就像梁漱溟积极倡导有觉悟和情怀的知识分子下乡来帮助乡村办教育，以期解决广大村民由于长期贫困所导致的教育问题。但是，他们怀揣着一腔理想到头来却不了了之。梁漱溟先生在乡村建设中遇到的前所未有的困境是"乡村运动，村民不动"。而今天大部分乡村建设者所遇到的问题则是"乡建速动，村民被动"。那我们如何理解民国乡建先驱者们所遇到的困境，又如何面对今天乡村建设所产生的新问题，以及在今天所要肩负的文化使命与社会担当，这才是我们应该继续思考的问题，同样也是当代艺术家所要面对的问题。

需要说明的是,那种努力去"改造农民"的思路,将农村和农民放置于压迫性的结构中,并冠之以"贫弱""落后"的标签来"天然化"并归属到他们乡建行动的治理技术中。它略去了对乡村社会、政治及经济问题的整体思考,仅是沉迷于进步主义的神话来认定"乡村"是因不适应现代化发展才导致的贫弱处境。而这样的思路几乎囊括了知识分子的认知局限所在——他们接受西方文化的启蒙精神,坚信中国乡村是"有问题的乡村",而这也正是近百年中国乡建知识分子对中国乡村不断进行"改造"和"治理"的合法性依据。

同样,在有关乡村实践的学术研究领域,作为为乡村社会秩序重建提供智力支持的社会学科以及研究乡村问题专家,他们给中国乡村研究带来了西方社会科学的影响。在研究中,他们习惯性地从社会结构、功能、规范等方面入手,秉持社会决定论和科学统计法的学科信仰,同时也连带着西方主义的问题假设和思考范畴,对在地社会进行"面面俱到"且又看不见具体生命经验的整体性调查。而问题是,这类科学主义的知识模式将"乡村"制成一个微缩民族—国家功能的在地版本,且还自信满满地认为他们能通过短暂的移情式参与到理性主义观察及过后的目的论写作,呈现乡村社会的文化原样和真实处境。然而,将这种带有鲜明西方传统社会科学认知的方法论,包括"经济人""理性人"等这类西方现代性观点,都视作中国乡村及乡村人的基本事实来表述,而完全无视了乡村社会切实的生活、人文的传统和诗意的世界,即那种由审美符号构建的精神世界及对复兴乡村主体性所具备的深度意义,以及把乡村当作"遗产"来研究的专家学者,完全割裂和忽略了乡村作为整体性的系统以及现实性的危机,乡村的价值是"文明价值"而非"文物价值"。

另外，乡村背后所积攒的文明基因和社会礼俗，也面临着在激烈社会改造和加速度的发展逻辑中遭遇消逝的危险。

今日乡村建设的意义何在？这个问题会触及两个层面：第一层是国家和民族的复兴，因为乡村的未来发展会直接影响到民族复兴的成败；第二层关系到乡村自身的发展及村民或家族的命运。所以，今日的乡村建设，首先要肯定乡村的历史文化逻辑和民间社会的主体价值，从乡村传统文脉价值中提升解救当代社会、自然生态和人心危机的普世价值，才能减少乡村建设中的文化失当之处。在此基础上，进一步反思各路乡建实践中所存在的历史局限、认知误区、社会条件及介入方式可能带来的问题。

一、改造话语下的"新农村建设"及"乡村美容"

今日社会各方推动的乡村建设，基本上是在发展的前提下，以国家治理、基层行政管理和各种专家组织的合作方式，来加速使用乡村文化—自然资源以利于招商引资、满足地方经济发展和提升政绩。但这一切几乎难以摆脱权力及资本在其间的掌控和影响。

换句话说，资本与权力的双双联手，造就了当今乡建指标中的经济学逻辑与过度的人道主义方案。其中，最明显的是以发展逻辑为主导的治理方式，它几乎成为乡村建设首要的合法性依据与合理化方案。可问题是，此种不顾地方历史开放性和文化多样性的治理方式，几乎省略了乡村世界的精神价值、伦理秩序、审美传统和情感诉求。如此一来，它根本无法从乡村的历史、村民的自觉、自然的秩序及民间的香火信仰，来整体性地考虑乡村天地人神系统所建构出的复杂而变化的多重关系。

此外，社会治理的单一诉求造成了急火攻心般的政绩期望，以及当下乡村建设的技术主义模式和乡村治理的工程学格局。与此同时，这一过程还会暴露出各级基层治理模式的局限和盲目，以及发展所带来的技术主义危机。它具体表现在将知识的有用性蜕化到实用功能的层面，从而使乡村建设及社区治理的核心目标锁定在经济发展的泉眼中无法自拔。这或许与霍布斯以来的人观堕落——上帝之死后，人类一落千丈地成为资本的造物有关，似乎物质生存成为全人类幸福的唯一指标。然而，在世俗化甚至是恶俗化的消费时代，"被问题化"的乡村又该如何自我拯救和解救，无疑是乡建实践者所要面对的迫切问题。

可以说，一些地方的"美丽乡村计划"及各种政绩工程，其所追慕的经济发展动机也极为乏味单一，不但无视乡村生活的文化尊严，也严重漠视乡村生态的整体性和地方文化的多样性。以技术治理术为主导的"美丽乡村"建设造成的暴力美学抹杀了乡村的历史性格和家园的诗意美感。特别是那些匆匆建设起来的"克隆乡村"，可以说阻断了乡村生命过程中的差异性与丰富性，尤其是淹没了当地人构建他们生活世界的智慧与习惯。纵观今日如火如荼的乡村建设实践，除了看到乡建中出现的一以贯之的急功近利外，仍然看不到乡村社会的整体复苏迹象，以及为乡村长远考虑并切实可行的救助措施。

乡村构建了完整的天地人神系统，它不但是指每个村民特定的生活家园，也是中国传统士大夫的理想家园。更是每位中国人的灵魂家园。另外，乡村还具有村落与民居等物质遗产价值，但不仅仅具有文物价值，更具有文明价值。因为，它不但是中国传统文化建立起来的山水之道，也是传统农业生产建立起来的自然之道，以及宗族家族建构起来的礼俗之道，完整地体现出乡村文明的生活智慧。另外，乡村自古以来就是为村民的安居所建，为世世代代生活在此的村民所用，它包含着历史先民的生存智慧，并能成为解救今日现代化困境的救世良方。最后，自古乡村是由宗族或乡绅管理，其以儒家为核心的乡村礼俗系统，一直都是乡村道德秩序与人伦关系的约束机制。如果这个传统被彻底打破，乡村必会乱象丛生，也会导致整个社会的道德崩溃。就此而言，对乡村自治权利的复归和道德礼俗系统的重建，应是今日乡建的重中之重。

二、发展话语下的"新乡村经济"及"田园消费"

今日的乡村，成了全球化经济发展中一块诱人的"绿色蛋糕"。资本、权力话语和符号等一系列现代化的发展逻辑，将乡村装扮成拯救现代化顽疾的一副"良药"和"猛药"。乡村稀缺可贵的自然环境，悠久的历史资源，连同被媒体和商家吹捧的生态食品和悠闲养生的良好环境，都使那个曾积贫积弱的乡村，摇身一变并华丽转身，迅速成为城市度假经济链上最稀缺的消费景观。换言之，今日的乡村不但能满足城市休闲阶层的消费需要，还能满足城市小资群体日渐增长的乡愁情思。于是，便促使许多人一厢情愿地将"乡村"当成从第一产业向第三产业经济转型的潜在目标或资本围猎争夺的最后市场。

难怪在消费资本主义逻辑的眷顾下，"乡村"得到了人们前所未有的"赞誉"。各类名目繁多的"美丽田园"与"生态小镇"等商业项目，打着乡村建设的口号和幌子入侵乡村并粉墨登场。可问题是，乡村对他们而言，仅仅是装点城市悠闲生活与修饰消费品位的手段而已。而在另一个层面，乡村则继续扮演默默无闻且反哺城市的"后花园"。

乡村旅游开发惯用这两种模式：一种是为商业旅游而来的，开发商与承包人在乡村租赁土地独立开发。其中有机农业栽培、乡村休闲度假、养生休闲农场等成为这类开发的标配；还有一种是干脆明目张胆地直接圈地开发地产项目，许多是打着养老地产的旗号，美其名曰为政府和社会未来养老排忧解难，实则多数为地产别墅，为有闲阶层营造"桃花源"。还有些乡村则更加离谱，直接将国外的"异乡风情街"及城市的"欢乐大世界"等游乐场所直接移植到乡村。

可以说，单一的旅游开发模式在乡建中比较普遍并屡试不爽。而许多被当作传统村落保护下来的村子，同样遭到不同程度的开发，而其开发的结果也不容乐观。许多村庄被过度开发得面目全非。其中，乡村的风貌、内涵和品质早已荡然无存，乡村传统文化基本被肢解。乡村大片的土地被占用，村民的日常生活几乎被商业经营所取代。有些乡镇完全交给商业旅游公司开发，开发后的乡村很少再有原来的村民。即便有些地方刻意召回原有的居民，也只是让他们作为营销幌子在里面开店经营并成为乡村娱乐城中的道具。不可思议的是，有人竟认同这样的开发模式。其理由是当地居民和当地政府没有资金来保护和维修大量年久失修的民居，故只能依靠商业开发来保护传统村落。可是，大部分村民只能依赖乡村来延续自己的生活，况且乡村是他们天经地义的家园，我们怎能强行让他们迁出自己的家园并强制改变他们的生活方式呢？

可悖谬的是，那些没有经过旅游开发的贫困乡村，其处境和前景更加令人担忧。这些乡村普遍被动地处在被帮扶、被照料与有待脱贫的尴尬处境中。这无疑会使村民们对生存状态的改变和对丰衣足食的渴望成为首要的幸福指标。可问题是，仅仅沿用简单的经济扶贫方式，并无法解决乡村长期造成的社会失序与文明坍塌的整体困境，并会造成一边扶贫一边又产生新的贫困的怪现象。也就是说，如果我们不从家园感和尊严感的角度来确证乡村价值和尊重村民的自信与尊严，而仅仅靠简单扶贫或增加村民收入来进行乡村振兴，其收到的效果只会微乎其微。因为，有些村民得到钱后或许会有短暂的满足或愉悦，但很快就会毫不犹豫地在城里买房子，离开乡村并抛弃家园。因为他们的价值观已经被影响、被改变，已经不把乡村当自己的家园了。某些企业和开发商也推波助澜，利用一些村民急需摆脱贫困和一夜致富的心态，轻而易举地夺走他们世世代代赖以生存的家园和祖祖辈辈耕种的土地。

乡村如何保持健康成长和良性发展，与当地政府的决策和政策紧密相关。如果一个地区对乡村的关注没有切实可行的计划和长远打算，或只有短期目标以及单一经济发展的模式，或只依靠所谓招商引资而没有调动内生力的驱动和发展，那一个地区的乡村在未来发展中的命运将会变得不可预测，前景也不会乐观。

三、情感话语下的"乡村共同体"及"艺术乡建"

目前，艺术家已成为乡村建设过程中一种积极且不容忽视的力量，艺术介入乡村达到了前所未有的热度。因为，艺术介入乡村的理念与方式，明显不同于政府领导下的"社会治理"和资本推动下的

"经济开发"。

艺术介入社会的传统以及源头可追溯到20世纪70年代，从博伊斯的"社会雕塑"到伯瑞奥德的"关系美学"，都是强调艺术家在介入社会的具体实践中，身体力行地投入日常生活的建构中来。当代艺术介入社会的行为已超出"表征"的意涵，既不同于传统艺术的审美习惯，也不提供经典艺术的视觉体验，更不受既定艺术空间的约束与羁绊。艺术介入乡村实践，是冲破其既定的边界并拓展出艺术无限可能的世界，是一种在普适与地方间创造的与乡村历史、地方生态、权力系统和礼俗社会不断发生关系和互动的场所。另外，艺术介入社会及艺术家参与乡建之道，也有其自身的文化传统和历史脉络。从早期民国知识分子提出的"乡村建设"，到博伊斯率先倡导的"社会雕塑"，都是艺术家介入社会和走向乡村的精神指引、文化脉络和思想资源。

当代艺术家必须具备社会批判与文化反思能力。所以，这些参与到乡村建设中的当代艺术家，都有着比较敏感的社会批判、文化自觉、生命体验与社会建构能力。这就意味着艺术家得通过"身体力行"的方式来融入乡村，以实现乡村共同体中人与自然、人与社会、人与世界关系的和解。在此意义上，艺术介入乡村就是一种带有"情势"的有效行动，它通过共同创造的参与力和情动力，来将失序社会和破损关系加以积极整合和有效转化。

此外，艺术家不但提出问题，而且还要解决问题，同时更要具有社会建构能力，还必须在时代的困境中，具备有效解决乡村问题和建构社会信任的能耐。尤其是面对多年来的"文化搭台，经济唱戏"的单一发展论调，"文化"成了招商引资的招牌和垫脚石，成了吸引资本下乡的一块诱饵，一旦吸引来资本，"文化"便立马被抛弃，"寿终正寝"。所以，怀揣文化理想的艺术家定会反思且批评这些威权和资本主导的乡建模式，尤其是以"改造"和"发展"的名义来介入乡村的建设方式。所以，我在具体的乡村实践中一再修正这一误区，并提出"经济搭台，文化唱戏，艺术推动乡村复兴"的全新乡村复兴与乡建理念。

艺术乡建所强调的是，通过艺术家在地进行的互动与活化，使乡村在现代社会中得以复活。并强调艺术的人文启蒙作用，修复已经因长期的社会改造而消失殆尽的人性与生活。艺术乡建与近代以来的乡村改造的根本不同在于，它不再把乡村作为被现代化否定的对象，而是肯定乡村优秀传统的文化价值，并使之与当今时代与生活相衔接。总之，艺术乡建有着自身的文化理想，绝不能完全依赖政治权力和资本能力。避免由"建设"和"开发"所引来的威权关系对乡村进一步的掌控，艺术乡建不能重蹈"文化精英主义"和"技术唯物主义"的覆辙。相反，艺术乡建应该以尊重乡村文化为前提，并始终坚守在乡村建设中的主体间性，始终强调村民的参与和互动，调动他们参与家园建设的积极性。在此意义上，艺术家的乡村实践应设身处地地介入当地社会的文化脉络和具体语境中，使乡村社会达到整体复苏与重建。

艺术可以在人与人之间建立文化传输的纽带，可以起到柔化社会关系的调和剂作用，形成一种围绕"友爱"建立的人人关系。也就是说，艺术不但能缓和人与人之间长期的紧张关系，还可以改善由于长期的反传统造成的人神关系的疏离。总之，艺术还可以在乡村中建立一个更加开放的自由平台，一种有益于不同主体自我更新的互动实践。

如果说乡村建设已通过不同的话语力量，成为当代乡村无法规避的生存法则。那么，除了用批判的方式来认清乡建的真身与局限性外，我们还应积极地在看似难以扭转的局势和始终都在冒险的实践中，探讨一种带有情感互动与触动色彩的乡建之道。我的艺术乡建实践也比较倾向于深嵌于地方社会之观念系统、行为习惯、情感模式和日常实践中，是一种"互为主体型"的多声部的乡建实践。之所以如此，首先是因为这样的乡建之道，才是遵循一种对乡土秩序、传统文脉及文化主体进行"礼拜"的心态，而非"治理"或"教导"的心态。其次，这种"互为主体"的艺术式乡建，看重的是文化建构中人人交往及合作过程中的集体智慧与公共能量。最后，它还时刻在不同主体开放性的对话与协商中，不断地在当地人的生活感受和生存处境中调整与共同生长。

实际上，理想的艺术乡建之道若面对复杂和异质的社会现实，总是会显得捉襟见肘。对此，我仅能依据这十几年在山西许村和广州青田的乡村建设过程中，通过长期实践和持续积累所总结出的乡建经验来谈个人感受。可以说，我选择长期在乡村做艺术乡建，是从开始的无意为之的艺术实践渐渐到有意为之的文化选择。无疑，这种选择除了对乡村日渐加深的危机所怀有的使命感之外，还离不开自己对乡村社会及地方性知识由浅到深的理解。

在我追寻乡村文化脉络的过程中，尤其在与当地不同主体讨教和探讨的过程中，始终在面对今日乡村与现实社会的关系中进行持续的文化反思。正是基于这些来自乡村土地上的行走、探讨、思考与必然会带来的情感感受，我在广东青田提出了一个注定处在实验和风险中的"青田范式"以及这个范式中的经验体系。"青田范式"以地方性知识为主线，展开入驻地方世界的九条关系性脉搏。其中包括青田依稀可见和有迹可循的村落历史、宗族家庭、道德礼俗、民俗节庆、信仰系统以及生产生活等关系维度，而其中的每项还得依赖当地人具体的生命实践及开放性的探索来拓展。

青田范式——中国乡村文明的复兴路径

1. 刘家祠堂——人与灵魂的关系——宗族凝聚

2. 青藜书院——人与圣贤的关系——耕读传家

3. 关帝庙堂——人与神的关系——忠义礼信

4. 村落布局——人与环境的关系——自然风水

5. 礼俗社会——人与人的关系——乡规民约

6. 老宅修复——人与家的关系——血脉信仰

7. 桑基鱼塘——人与农作的关系——生态永续

8. 物产工坊——人与物的关系——民艺工造

9. 经济互助——人与富裕的关系——丰衣足食[①]

"青田范式"来自青田乡村自身的历史文化基因，它的构造来自我与当地社会不同主体长期的碰撞、争论与相互学习的开放性过程。此外，它还带有一种明晰的对地方传统文明复兴的抱负，也同样是今日青田百姓及精英想要重建的地方尊严之核心。最后，这些概括出来的青田元素，如今还可以在青田的公共生活和历史表述中找出相关的社会线索。在青田的现场，贯通传统和当代的历史脉络并延续多彩

---

① 渠岩：《限界的目光》，商务印书馆2018年版，第307页。

多姿的乡村生活，最终是要建立在"家园回归"基础上的乡建理想。"青田范式"倾向用艺术共创的方式，来对地方社会关系加以修复，青田的村落改造是针对当地生活世界加以重点修复的工程。所以，它首先要遵循一个整体的保护原则，以保护村落的历史延续性和社会生命力。其次，它重点修护村庄空间的秩序关系，不破坏每个居所中所暗藏的生活智慧与生命情感，同时，也不刻意修建不适于他们居住习惯的空间及格局。最后，它还原自然村落中的历史肌理，建设乡村世界中的理想家园。对此，"青田范式"倾向使用一种互动关系中形成的艺术创造活动，来链接乡村社会以重建理想家园。而这里的重建"家园"不仅是指空间层面上的营造，还包括重建古—今、城—乡、人—物及人—人、人—神关系，而且是修复人与家园关系的终极追求所在。

乡村是一个家园共同体，暗含着对共同体内每个成员的充分尊重与来自宗族及其相关社会网络的支持。在此基础上，我提出"艺术修复乡村"的方法与实践，就是为避免在乡建中单一理想所导致的文化死局。此外，我深信修复乡村的生活世界，其内容不是以风花雪月为主要内容的涂涂画画，也不是将活着的乡村制成"僵尸"博物馆，以供人旅游、观瞻和凭吊，更不是为满足小资群体的归隐之欲而建的逃逸之所。相反，对我而言，乡建的旨归始终是还村民一个幸福家园。

不论是乡建实践中的艺术工作者、知识分子还是地方精英，我们都需要积极地参与到当地社会正在发生着的公共活动和日常交往中，尊重他们隐藏在生活逻辑中的文化道理和伦理美学。就此，我们所倡导的"多主体"艺术乡建实践，才能在多变和复杂的乡村建设中进行持续的对话与交流，在动态的协商过程中调整自己的行动策略。只有这样，才不会剥夺乡村地方主体在世界中的适应性与能动性，所以，"艺术乡建"才能在今日乡村建设中成为一支不可忽视的重要力量。

左靖、周一：作为"遗产"的景迈山

（左靖，"碧山计划"创始人，艺术乡村建设实践者；周一，左靖工作室成员，景迈山展示利用工程项目执行人）

大家好，我是左靖工作室的成员周一，也是景迈山项目的执行人。今天左靖老师因事未能前来，由我代表团队参会。接下来我想分享一下个人在项目中的一些体会。

左靖老师及团队此前发起的"碧山计划""茅贡计划"等，可能大家都有所耳闻。相比之下，"景迈山项目"目前知名度还不高。景迈山位于云南省普洱市澜沧拉祜族自治县惠民镇，离缅甸边境只有几十千米，可以说是极边之地。这里有着全世界迄今为止发现的保存最完好、历史最久、面积最大的人工栽培型古茶林——换一种说法，景迈山可以说是人类最早开始与茶产生互动、主动利用茶的地方之一，现已被列入《中国世界文化遗产预备名单》，未来可能代表中国申报世界文化遗产。2016年下半年，作为"申遗"项目的分支，我们团队受景迈山古茶林保护管理局委托，为景迈山及其范围内多个传统村落进行展陈策划、建筑与空间设计和经济研究等工作。

工作是多面向的，但我认为原点仍是地方价值的发掘和呈现。我们进行田野调查，整理当地文化，也邀请艺术工作者进行创作。整体而言，我们的呈现方式较为通俗有趣，希望能给"山外人"也给"山里人"看。比如过去游客到山上，只知道有古茶树而不清楚它的价值，我们整理了茶林中包括茶树在内的几十种植物，关于植物的地方知识以及植物间的生态关系，希望能传达古茶树背后的生态智慧。还有当地的宗教仪式，很多游客都会去拍摄，但在不理解的状况下，他们往往处在一种猎奇与干扰的状态。我们用绘本、纪录片的方式介绍了宗教仪式与用具，希望人们看过以后能理解，理解之后能尊重。而这些内容大多来自村民口述，换了一种方式又让游客们看见。我们还负责了村中一些传统民居的改造，赋予其民宿、工作站、小展馆等功能。这次展览中的很多内容，是在村里的"小展馆"中首展的。

然而，在"小展馆"刚刚开幕时，我个人其实感到有些沮丧。因为这个项目最先是政府邀请我们介入，所以在整个过程中，我感到村民也许不知道、不懂得也不在意我们在做什么。后来一件事触动了我，就是在开幕一段时间后，村里面的老奶奶，拎着小板凳，把鞋子脱掉，进到展馆里。脱掉鞋子，意味着将这里作为一个要尊重的场所。她们坐在屏幕前，看自己在视频里炒茶，捂着嘴笑起来。后来又有不少村民带着他们的亲戚朋友来看展览，还拉着我去做讲解。还有村民跟我说："能不能把你们的画弄到我家的茶叶包装上？能不能把这个展览挪到我家厂房里？这样有些东西我不用费力跟茶客解释了，直接让他们看这些就可以了。"我开始意识到，我们的工作并非完全不被需要，只是它发挥作用需要条件和时间。

是怎样的条件呢？我开始重新观察这个地方。一方面，景迈山就不是大多数人想象中的边缘、贫困、空心化的地方。因为有茶产业，故经济发展是上升的，当地人不少是富裕的，还有年轻人回来，这几年人口甚至是净流入的。生计问题得到了一定程度的解决，在别的事情上才能有一定的主观能动性。

另一方面,因为要做茶叶生意,也因为"申遗"的宣传,当地人跟外面的互动交流很多。年轻人也在网上学习东西,跑到外面去参观。通过这种信息的流动,通过观看与被观看,通过展示和被展示,他们对自己的文化与其价值有一定认识。

于是,他们很早就意识到了文化的作用。山上有两个村,一个叫芒景村,以布朗族为主;一个叫景迈村,以傣族为主。一直以来景迈村的茶叶品质被认为较好,价格也更高。然而芒景村的一位老人家,也是当地的一位文化精英,他整理布朗族文化,写了一本村志,并且还上了央视。这让更多人关注到芒景村,茶价都跟着上涨了。我参加芒景村的村民会议,村支书甚至会说,他们村里的茶如果值1000元,里面有300元是文化带来的。景迈村看到这情况也出了一本村志,两村形成了文化竞争的态势。这也解释了他们为什么会有在厂房里做展览这种"工业观光"的想法。

这些想法和做法,并不是在我们进驻乡村之后才出现的,是早就发生过的。正因为有这些条件在,所以我们的工作才能获得一些回应。我说这些,一方面是想提醒不要夸大文化、艺术乡建的作用;另一方面也不要否定它的价值。

我不是一个艺术工作者,但我经常跟艺术工作者合作。有时候大家会有两极化的讨论,有人说艺术是乡村最需要的,也有人说艺术没有用,村民根本不关心。我觉得没有任何一种方法能解决所有乡村问题,而艺术工作者的作用和村民的需求有时也未必完全重合,但我们可以寻找共谋,形成一种良性的互动。

最后,从我个人的角度来谈谈,我不太爱说自己是一个乡村建设者,也许可以说是乡村工作者,或者乡村务工人员吧。通过这几年在乡村的工作和研究，我知道中国的乡村不是一个同质化概念，需要了解每个地方不同的状况。而且它们还不断在变化，像景迈山虽然在"申遗"，却不是一个怀旧的标本，甚至可以说在野蛮生长。所以我常感到，我对乡村不能说一无所知，至少是不大了解。很多时候，当我进入乡村，我比村民更不了解这个地方，比村民更为茫然，我怎么去提"建设"这两个字？我必须承认自身的这种茫然，同时不允许自己一直茫然下去，而要在工作中不断去了解这个地方，了解村民的需求，调整自己的认知与实践。

以上就是我个人的一些体会与看法，还请大家指正。

靳勒：村民们的美术馆——石节子美术馆

（石节子美术馆馆长，艺术乡村建设实践者）

大家上午好！我先说一下我自己，我是从石节子走出来的，20世纪80年代，我运气非常好，考到了西安美术学院雕塑系；1992年又分到西北师范大学当老师；1998年来到北京，到中央美术学院雕塑系学雕塑和当代艺术；现在又回到兰州，然后在兰州、石节子、北京三地来回跑。2002年我就在想，能不能把艺术跟小山村联结起来，让自己的作品跟乡村产生关联。

一开始也不知道怎么做，2002年到2005年我就在村里拍摄村民生活的影像作品，2005年尝试在村里面做一些自己的作品，2007年有一个机会，我带领4位村民去了一趟德国，参加了第十二届卡塞尔文献展，2008年村民推选我当村主任。那个时候我也没有办法拒绝，我就接受了。我一直在想我能给村民带来什么，2008年我想清楚了，就是把石节子这么一个自然村作为一个美术馆，这里面的山，这里面的水，植被、树木、院落、农具、日用品，包括村民的生活，都是美术馆的展品，都是艺术品，所以它生长在这里，也是沐浴阳光和雨水的美术馆，13户人，就确定成为13个分馆。

我们这个村子——甘肃省天水市秦安县石节子村，实际上是一个非常小的村子，离县城只有六千米，这个地方实际上跟陕北很像很接近，是一片黄土地，海拔1300米左右。

我们每年不定期举办不同类型的艺术活动。2009年我们做了石节子美术馆开馆展，当时对外界宣布美术馆成立了，邀请了西安、兰州、天水等地的朋友，还有邻村的村民，举办了交流展。

2015年5月15日，艺术家琴嘎、宗宁和我发起了"一起飞——石节子村艺术实践计划"，我们邀请了25个艺术家和25家村民，一对一交流合作，然后通过抓阄，让村民随机抽取艺术家，谁抓到了哪个艺术家，他们就共同合作，只要村民愿意，艺术家愿意，那他们做什么都可以，两三位艺术家到现在还在延续。

《我们都是艺术家——一次意外的旅行》是琴嘎和村民李保元合作的，他们把李保元的六棵花椒树运到上海来展出，然后又给村里修了一条村民之路。艺术家高峰和村民靳彩琴合作了《是你的也是我的》，村民画了一匹马，然后高峰把它做成泥塑放到村子里，现在成了村里面的一个景点。艺术家梁硕跟村民工娇女合作的《小生意》，把村里的一种树枝，通过处理之后，变为一个衍生的艺术品，增加村民们的收入。艺术家隋建国与村民孙五成合作的《七天》，表现吃住在孙五成家里面的七天。张兆宏与靳海禄合作的《家庭旅馆》，由靳海禄出地、张兆宏出钱做一间标准间，来参观石节子的人可以居住在这个房间，通过网络可以去订这个房间，然后把所得的费用放在石节子，作为石节子公共艺术基金。

由刘旭光策划的"'本真叙事'——2015 中国甘肃石节子国际新媒体艺术展"，来了 20 多位艺术家，包括还有美国和日本几位艺术家，跟村民一起举办了这个活动。2016 年 12 月由冯博一等人策划的"独立艺术空间的生存方式"，邀请我去曼彻斯特。去之前，我想我们村民去曼彻斯特的可能性也没有多少，我就想把我所看到的，或者我从曼城能够收藏的一些物品，带回到村子里面给村民办展览，这个展览叫"曼彻斯特到石节子并不远"。

2010 年，第一届石节子电影节在石节子村开幕，这是专门讲述跟村庄有关的村民故事的电影节。2012 年，举办了"绿心——国际戏剧、环保、教育论坛"。2014 年，与兰州城市学院举办了"石节子陶瓷调研研讨会"。同年，"不断发现——青年摄影师邀请展"在石节子展出。2017 年，由王志刚策划，与西安美术学院合作的国家艺术基金项目"乡村密码——中国·石节子村公共艺术创作营"在石节子实施。参加驻地创作的 21 位年轻艺术家分别来自全国 13 所艺术高校，带来了 20 件驻地作品。来自全国的 34 位雕塑家的作品在石节子展出。10 月由艺术家石玩玩策划、中国美术学院雕塑与公共艺术系同学举办的"你来了吗"作品展在石节子展出。

通过这十几年的努力，村民们去过德国，去过兰州，去过西安，去过北京，去过上海，参加乡村艺术研讨会，开阔了视野。我们修了路，安装了路灯，用上了自来水，连上了互联网，村民一起参与制作艺术品。我们为村民举办个人艺术作品展览，受到了甘肃省秦安县政府、县领导、镇领导的大力支持，与西北师范大学、兰州城市学院、甘肃民族师范学院、西安美术学院、北京电影学院、中央美术学院、中国美术学院、敦煌学院等国内几十所高校合作、交流，为村民增加了收入，使村民增强了自信，获得了幸福。谢谢大家！

任珏：从美丽乡村到美好乡村
——多主体参与的活态落地营造

（华侨城创新研究院资深研究员）

我今天汇报的题目是"从美丽乡村到美好乡村——多主体参与的活态落地营造"。我是学人类学的，以往的研究都是以外来者的视角去观察我们的研究对象。我进入了企业之后，就有机会从一个局内人的视角，或者说一个全局视角来看我们所研究和建设的项目是怎么发生和发展变化的。

这两天的会也给了我很多思考和启发，我将从一个内部视角出发，来呈现中廖村这个美丽乡村建设项目是如何营造出来的。

中廖村的美丽乡村建设项目其实是一个多主体参与共创的项目，既是一个旅游目的地开发项目，同时也是一个扶贫的项目，所以整个过程是由政府来主导的，然后由企业去租赁当地的土地和村民的房屋，形成空间上的共享营造。在这个过程中，企业执行整个基础设施的开发建设，比如黎家小院和村上书屋，这些基础设施完成之后，要进行运营和管理，这跟艺术家参与到乡村里面去做艺术节或者其他内容有相似性。

中廖村的管理主要是由企业和村委共同进行，乡村文旅产品的内容和IP等也是由企业、村民、商家共同去营造。例如黎家小院的歌舞表演，由企业派驻舞蹈演艺方面的专业老师和村民一起把他们黎族传统的舞蹈，改编成一个具有活态演艺效果的旅游产品，演出也由村民参与。

这样一个乡村文旅项目，除了有前面说的政府、企业、村民这几个主体之外，还包括建筑师、规划师，甚至是游客。例如村民创作的农民画成为中廖村吸引游客的一个有意思的内容，还有由企业带到村子里来的艺术家，其将黎族传统非遗手工艺黎锦作品进行展销，通过非遗 IP 的打造，进行艺术文创产品的开发，这让艺术创造可以融入旅游景点，让村庄里面的内容更加在地化，更加可持续。

从旅游运营的角度上说，我们会考虑几个重要的旅游要素，比如吃、住、行、游、购、旅等。就中廖村项目而言，从策划、规划、节目编排到落地运营执行，艺术家以设计师、舞蹈老师、村民等多种身份在不同的阶段参与了进来，由此可见，艺术在一个乡村文旅项目的整个脉络中都能参与。

在这次展览中，景迈山的个案既有前期生态或者是生物多样性和文化多样性的营造，也有后续产业的跟进，相对来说是比较完整的一个闭环。其他的个案，还有学者的研究，大多是从某个单一视角切入来展开的。

从项目营造的全流程角度上看，我们就可以更容易看到一个完整的多主体参与的全局脉络，也能知道单点切入乡村营造的艺术参与，可以如何更加充分地在不同的阶段进行合作与配合。

这种多主体的营造带来了什么样的改变呢？中廖村在企业入驻之前，村民年收入是 2000 元，企业入驻之后，村民年收入增加了 5 倍，达到 1.2 万元以上，村民集体创收达到 500 万元。这也是全流程、多主体参与的效果。

这两天我们看到展览的一些内容，还有老师们的讨论，我的感受是，我们都在营造美好，但这种美好主要还是视觉上的。但是我们现在营造美丽乡村，不仅仅希望它是一个漂亮的乡村，更希望它呈现出一个更加和谐的社会环境。

美好乡村到底怎么美，美到什么程度，怎么好，好多久，在什么样的空间范围去好……其实不同主体对此都有各自不同的语言体系。

这两天的讨论里有很多动词，比如创作、营造、创造、在地创生，企业又讲建设、打造、制作产品等。所以主体不同，语言就不同。面对建设乡村这个共同的努力目标，企业说做项目，艺术家说做项目，公益基金会也说做项目，但是项目的概念和内涵是不同的，艺术家做的项目是艺术节，企业做的项目是基础设施建设运营，基金会做的项目是教育等推动社会发展的项目。

这两天也有老师在讨论，到底是艺术家的审美标准更高一些，还是农民或村民的审美标准更高一些；是历史的审美更好，还是我们现在的审美更好；是乡村的审美更好，还是城市的审美更好。对此，大家莫衷一是。中廖村这个由企业参与的乡村文旅项目，也存在各个参与主体话语体系不同造成审美标准不一致的问题。

村民、地方官员有他们带有民族特色的审美标准，外来参与扶贫规划的建筑师、规划师也会带来他们的审美标准，参与项目的舞蹈老师、文创艺术家也有他们作为艺术家的审美标准。那么到底该采用哪一方的审美标准呢？不同的主体也有各自不同的要实现的目标。这个目标到底是邀请艺术家在村子里完成一个艺术节，还是奔着提高村民收入去，抑或是提升村民整体的生活状态和生活面貌呢？目标不同，路径也就不同。像景迈山这个个案，最开始是生态学家跟保护者先行介入的，他们朴素地希望进行生态可持续保护，后面才逐渐摸索出通过商业可持续来推动生态可持续的模式。

中廖村这样的由企业推动乡村文旅去支持扶贫和乡村振兴的项目，面对的是一个多主体共同参与的全流程，需要与多个不同主体进行全面互动。通过空间、内容、招商、运营等多种交互性的落地运营动作，让村子活起来，落实可持续的发展模式。

中廖村多主体参与的落地运营，在推进过程中，不同主体共同参与了审美的决策过程，不同审美标准的多个主体经过碰撞、协商、协调，共同制定了尊重当地民族特色、延续文脉、经济可持续等几个基础性的活态运营的共同目标。在目标达成一致之后，审美意见也就更容易达成统一了，这也是多主体参与的落地运营中非常独特的落地执行过程。

从整体来看，美丽乡村的建设是一个多主体参与的活态过程，面临着运营阶段不统一、审美标准多样化、话语体系差异性大、目标不一致等多重困难，需要在界定统一的运营目标基础上，协调多主体之间的审美标准，形成优势互补、多元共创的局面。

从基于视觉优化的美丽乡村建设，到打造一个完整的美好乡村，我们其实是在营造一种美好的文化。文化是一个活态的过程，是人跟人之间发生的互动，这个过程当中不同的主体交互、冲突，或者是协同合作，文化在形成的过程中，通过各种文化形态的堆叠、打破、沟通和融合，形成一种多元共创的崭新的主客共享的形态。

我们看到的展览，它是一种堆叠，一种呈现，但是如何去打破、沟通和融合，我们还没有探索出来。比如刚才讨论里谈到的美好的标准,是谁的美,美又包括什么?是财富的美,文化的美,还是经济的美,生态的美?各个项目都是在推进过程中,在不同主体之间的相互磨合中,探索出答案的。

我们讲"绿水青山就是金山银山"的时候,其实涉及财富的概念,包括文化的财富,生态的财富,经济的财富。然后再说到美好,说到谁来主导美、推动美,说到"好"可以好到什么程度,在什么样的时间和空间里面"好",这些问题都需要我们在具体的个案和项目里去讨论和琢磨。

说到时间和空间,我的感受是,不论是运营者还是研究者,往往都忽略了时间这个概念,也就容易忘记提及发展的速度。企业去做乡建项目,需要考虑时间成本,艺术家做艺术作品,也会考虑时间成本,都需要快速推进项目。在运营过程中,我们又需要乡村呈现出一种慢生活的节奏。快速的乡村营造加快了乡村致富、乡村振兴的节奏,同时又导致了乡村生活形态的快速城镇化,到头来还是会留给我们"乡村生活方式正在逐渐消失"这样一种印象,这是在美丽乡村、美好乡村建设过程中的新难题,反映了我们的快速发展和乡村慢生活范式的一种本质性冲突。

在这种情况下,如何艺术化地去平衡乡村快速振兴和乡村生活形态保存之间的关系,或许才是我们在多主体共同营造美好乡村的过程中需要共同解决的问题。

汪欣："乡村+艺术"，乡村振兴的助力

（中国艺术研究院副研究员）

乡村振兴战略的出台，使"乡村"成为当下中国的关键词。乡村建设的潮流方兴未艾，从中衍生出许多"乡村+"的概念，如"乡村+教育""乡村+文旅""乡村+环保"等。"乡村+艺术"便是在这股乡建潮流中涌出的新概念。

艺术乡建是当前"乡村+艺术"的重要表现形式，其主旨是以艺术介入乡村建设，使艺术成为提升乡村社会价值的手段。在近年逐渐兴起的艺术乡建实践中，艺术对于乡村社会的价值越来越引人关注。

以艺术改造乡村环境风貌成为乡村建设的风潮。设计师、建筑师、艺术家进入乡村，对村落环境进行艺术化改造，让乡村自身成为一种视觉符号，是艺术乡建的最初模式。乡土建筑是最能体现当地特色和历史传统的文化符号。对乡土建筑的修缮革新是艺术改造乡村风貌的基础工程。一方面，修复老屋古宅、戏楼祠堂、牌楼街巷等村落民居与公共建筑，尽可能地恢复村落历史风貌；另一方面，通过建筑介入，引入新元素，营造新的艺术村落氛围。山西和顺县的许村，在艺术家的建议和规划下，除了修复了村落中的老宅祖屋，还将闲置废弃的老街旧宅改造成为许村艺术广场和许村国际艺术公社，作为创作中心、展示中心、艺术家工作室、艺术图书馆、新媒体中心以及艺术家乡村酒吧与餐馆。

除了修复改造乡土建筑，他们还注重对村落内部与周边环境的艺术化提升，如在村落街道设计个性化的路灯、垃圾箱、路标等公共设施，为村落设计标志性的艺术景观。甘肃天水的石节子村，村主任

靳勒是一名艺术家，他将雕塑和绘画作品放置于村子闲置角落作为景观，形成了天然的乡村美术馆。还有些乡村将周边的山川、湖泊、稻香、花海融入村落景观，形成"大地艺术"，塑造当代的牧歌田园。

艺术有助于提升乡村公共文化服务能力。公共文化服务发展滞后是乡村文化落后的重要原因，也造成了当代农民的文化生活和审美趣味的枯乏。艺术的介入为乡村社会带来了全新的文化体验。艺术乡建者除了恢复村落的传统习俗和文化活动，还为乡村带来了多样的文化形式。福建屏南县在漈下村首创"人人都是艺术家"公益项目，为村民提供油画教学，使油画创作成为该村的独特风景，村民创作的油画也成为该地的特色产品销往世界各地。艺术家靳勒在石节子村发起"一起飞——石节子村艺术实践计划"项目，让艺术家与村民结对共同创作，倡导"人人都是艺术家"。让村民参与艺术创作实践，不仅让艺术更加"接地气"，也让村民贴近艺术，扫除文化自卑，提高文化自信。

文化节庆活动是乡村社会喜闻乐见的娱乐形式。充满现代艺术气息的"乡村艺术节"，则是艺术家为乡村社会带来的一场现代文明洗礼。许村国际艺术节是山西和顺县艺术乡建的重要成果。每两年一度的许村国际艺术节为当地带来了世界各地的艺术家，使其成为国内外现代艺术的实践现场，而村民也成为这场艺术盛宴的参与者。这场艺术实践不仅向国际社会展示了中国的乡村文明和现代艺术，也在中国文化与国际文化的交流碰撞中拓宽了本土艺术家及当地村民的视野。

艺术乡建推进了乡村公共艺术教育。教育是乡村建设的重要内容，公共文化教育也是乡村文化建设的重要组成部分。艺术家将艺术教育作为乡建内容之一，实现艺术的公共教育职能。他们通过艺术公共空间举办公益的艺术展览、演出；通过邀请艺术家入驻艺术基地，开展艺术助学活动，为当地村民尤其是孩子提供美术、音乐等艺术课程的义务教学服务。

艺术有助于促进乡村传统产业升级，提高农民收入水平，助力精准扶贫。我国乡村社会是以农业和传统手工业为主导的经济结构模式，传统农业经济的式微是乡村社会衰败的主要因素。随着艺术乡建的发展，艺术对于乡村经济发展的价值逐渐被发掘。福建屏南县前洋村有竹编传统，当地政府邀请竹编艺术家进村与村民共创竹编艺术作品，打造竹文化品牌，推动当地竹艺复兴。浙江松阳县政府与建筑师合作复兴乡村传统产业，创造了当代乡村工坊——蔡宅豆腐工坊、横樟油茶工坊和兴村红糖工坊。豆腐、油茶和红糖制作都是当地的特色产业，但发展落后。建筑师结合当地自然环境和工艺特征，设计出融合了农产品加工、游客参观体验、村民活动、活态博物馆等多功能的现代乡村工坊。这种新型工坊，不仅为农产品提供了标准化作坊，还成为游客体验、村民交流的多元文化空间，提升了产业文化内涵。乡村传统产业的复兴为当地带来了经济效益，也吸引了更多的年轻人回乡创业，有助于缓解村落"空心化"的衰败景象。

艺术有助于促进乡村文旅产业的发展。文旅产业是当前乡村振兴的支柱性产业。在传统村落旅游日益同质化的今天，艺术的介入为乡村旅游注入了活力。个性化的艺术村落景观、被赋予文化艺术内涵的特色产业、本土化设计的民宿等，都成为乡村旅游的亮点。为了促进文旅融合，一些乡村还举办大型艺术活动。2018年秋季，安徽铜陵文化和旅游局在犁桥村举办由当代艺术策展人梁克刚策划的"铜陵田原艺术季"，旨在以导入艺术、设计和时尚文化的形式实现乡村振兴和文旅融合。活动为期两个月，有近百位艺术家参与，涵盖了装置、雕塑、彩绘涂鸦、音乐、诗歌、舞蹈、先锋戏剧演出等多种艺术形式。这种融合了现代艺术气息和浓郁田园风情的艺术节，成为当地艺术助力乡村振兴和文旅融合的样板。

艺术走进乡村，不仅使艺术在乡村找到了更广阔的实践空间，也为乡村社会寻得了一条诗意美好的发展道路。

黄桂娥：贵州台江阳芳村艺术乡建的实践及思索

（贵州大学美术学院副教授）

大家下午好！我在大学里面教书，同时也在村子里面工作了将近两年，我是以一个建筑规划设计团队成员的身份参与乡村建设的，我的身份比较特殊，一方面是实践者，一方面又是学者，是两方面的介入者。

我们介入这个乡村的时候，不是以艺术乡建的名义去做的，但是我们做了一些有关艺术乡建的事情。我们不是艺术家，但是我们用艺术的方式去做了乡村建设，是用艺术精神参与乡村建设的。

这个村子是一个苗族的村寨，当地村民全部都建欧式的水泥房，没有任何装饰，因为没有文化的载体在里面，所以建筑是非常难看的。原来村里还有一些木房子，但是慢慢地木房子全部都被拆了，这就是我们介入这个村子之前的一个状态。

我们介入之后，以最低廉的价格，以挖掘文化的方式，对他们的建筑进行了新的改造，然后让他们为自己的文化感到自豪。我们对这些建筑的改造是把西化的方式往中国民族的方向转化，然后把民族刺绣的元素加进去，建筑远观的效果还是可以的。

我们做的另外一件事情，就是在乡村寻找诗意的回归。历史上的乡村是有诗意的，我们拼命挖掘诗的元素，请诗人为村子创作诗歌，村民看到这些诗歌可能就会对自己的文化历史有一种追寻的愿望，而且请来的诗人，本身也参与了乡村建设，没有造成什么经济上的损失。

我们还把书法加到乡村建设里面，有些村民书法写得特别漂亮，我们让他们写春联，让村民来拿春联，拿春联的同时，还要说一句祝福语，我们把祝福语录成视频，放在微信里面播放，全国人民都可以看得见。这个活动很成功，村民看见原来他们劳动的场面这么美好，自己的生活这么有价值。我们拍的照片就放在村里，村民可以去拿，选有自己的照片。这是摄影介入乡村。

我们帮助村民把废旧的东西收集起来，并把这些废旧的东西变成艺术品，让村民知道这些东西是很珍贵的，是有价值的。艺术乡建的实质就是城乡连接。我们想资助村里两个年轻人创业，想帮他们创立一个品牌，还给这个品牌取了一个名字，叫瑶桃月桂工作室，品牌标志已经设计好了，是设计师免费帮我们设计的，很多人愿意为乡村服务。

我们还将文学介入乡村建设，搞研究，搞创作。我们教村民们创作报告文学，一年多的时间，村民一共写了20多篇文章，全部都是用微信推送。我用这些文章，申请了一个省里的课题，是关于长篇报告文学的，这些报告文学如果出版，对我来说也是一个鼓励。

最后，我们和乡村是互相建设的关系，我们建设了乡村，乡村又建设了我们。我们在一个文化非常丰富的村子里面，是非常快乐的。

台江是一个人类学研究的富矿，里面有很多民俗学的东西，非常值得去挖掘。希望大家能多去台江调研。元宵节时，那里还有草龙拜年的习俗，元宵节的晚上，孩子们举着草龙，去每家每户拜年，村民们在外面吃饭、敬酒，然后回忆祖先的一些足迹和生活。我们在村子里非常快乐，因为我们生活在文化中。

评议与讨论

方李莉： 来参与这次展览和讨论的艺术家和学者大都是大学老师，是没有能力干预老百姓生活的。如果说他们的行为能得到农民们的认同，一定是符合了农民的需要，农民有自己的选择和眼光。

在会议上有媒体问我，我们办展览的这些项目是否就是要推行的发展模式，或是可以示范的榜样？我的回答是，我们做的不是示范，示范和模式是工业文明时期的概念，因为，工业文明的特点是规模化、批量化、标准化，因此需要可以复制的模板和示范。而我认为，人类社会已经进入了一个超工业化时代，也可以称之为"后工业时代"，这个时代追求的是多元化、特色化、小批量多品种化，甚至是私人定制化，因此，艺术乡建不主张模式化，而是提倡根据不同区域的不同特点来建构不同的发展方式。所以，我并不希望把这次展览的项目变成可以学习的模式或榜样，而是希望将其变成可以讨论和探索的对象。

在大家今天的发言中已经进行了很多具体的讨论，因此，在这里我就不做具体的讨论了，我想来一次仰望星空，来一次乌托邦式的想象。为此，我们是否可以展开一下人类未来走向的思考，即我们人类今后会走到哪个地方去？刚才于长江教授讲了很多东西，有一点特别打动我，就是他提出的乡建跟我们未来的关系问题。现代性就是未来性，我们所做的每一件事情，我们所研究的每一个问题都必须要想到其未来的发展，也就是所谓的前瞻性。

我们首先要思考进行乡村建设的社会背景是什么，我们人类当下遇到一些什么样的困境。当今社会科学技术的发展已达到了前所未有的高峰，但我们的未来也面临着前所未有的风险。首先是现代化带来的环境污染，如空气污染、水污染等；其次是人口流动带来的疾病的全球化感染，还有意识形态及文明冲突带来的战争威胁等，所以人类社会一定要出现一个转型，如果不转型，人类社会很难可持续发展。人类社会的发展都缘起于观念的改变，面对这样的问题，我们是否能改变一下发展的观念？由这样的观念帮助我们走向一条可持续发展的绿色文明之路，如果人类走不上可持续的绿色文明之路，也许我们就是地球上最后的人类了。我们做人类学研究的有时候要站在田野的土地上，有时候也需要仰望星空想象，瞭望一下人类的前景，然后再看看，在这样的人类前景中，我们所做的艺术乡建有什么样的意义和价值，只有把握好这些宏观的大问题，我们才能找到具体工作的目标和方法。

习近平主席说，"绿水青山就是金山银山"，生态文明也是重要的国家战略，说明国家在大政方针上已经把握了这一发展方向。而我们这些学者则需要通过我们的研究，说清楚其中的道理，并由此思考如何在社会发展中去落实和实践这样的理论。我认为，中国的生态文明必须从乡村中长出来，也必须在乡村的发展中实践出来。之所以如此，不仅是因为生态与乡村的表现形式接近，还因为在乡村中还部分地保存着支撑生态文明的价值体系，这一价值体系与中国的天人合一及二十四节气等传统文化及传统知识紧密相连。也就是说，与城市的工业文明比较，来自乡村的利用生态循环的农业文明的价值和经验，也许是高科技发展以后，人类文明当中最重要的宝贵财富。因此，在我们今天的乡村建设中一定要关注这一问题。

从18世纪工业革命到今天两百多年的历史中，人类社会不断突破生态循环的界限，最终造成了全球的生态失衡。人类文明要得到可持续发展就必须扭转这个现状，进入一个超工业化的新时代。我认为，这就是生态文明的时代。生态文明的概念是什么？我们不要以为就仅仅是环保，不是的，其有一套自己的价值体系，就像工业文明一样，是一套社会体系和社会关系。工业文明是蕴含于生产过程中物质力量和机械的广泛应用所体现出来的社会关系，那么在互联网智能系统以及人文关怀中所体现出来的生态文明，也有一套自己的新的社会关系、新的价值体系、新的社会结构、新的生活方式、新的生产方式，其中最重要的是要重新调整人与社会、人与人、人与自然，甚至包括国家与国家、城市与乡村之间的关系。

我认为，首先生态文明的社会结构从工业社会中的规模化、标准化、批量化，转向扁平化、分散化、网络化。从生产目标来讲，在工业化时代，生产目标是效率，是产值，而在生态文明中的生产目标可能是意义，是价值。在生态文明中，人们不再追求快速发展，而是要停下来思考我们活着的价值和意义是什么。在这样的背景中生产出来的许多物品都包含着对价值和意义的追求，为此，产品中的文化附加值会得以增加，而人文景观也将从大烟囱式的工业景观转向牧歌式的田园风光，同时，还将从国际化风格重新走向多元的地方性风格。

农业文明时期文化的建构受自然的制约，不同国家和地域的文化之所以不一样，就是因为我们会生活在不同的自然环境下，生活在不同的地理位置上，生活在不同的气候条件中。但工业革命以后，人类发展出新的技术在地球上建造了一个人工的环境，这一人工环境是可以脱离自然而存在的，于是世界的生活方式、人文景观等都开始趋同，在文化的再生产过程中地域条件开始退居到不太重要的位置。

在这样的背景中，许多人开始认为不同地域的文化会由此趋同，但事实并非如此，我们看到的是多元化文化仍然存在，其存在的基础不再是因为自然和地理条件的不同，也包括了文化历史的不同，也就是说，历史和传统已成为构建新的多元文化的基础。也由此，我们在做艺术乡建的时候一定要关注当地的文化传统，将其融合到新的文化建设中去。

另外，还有一个想法促使了我关注艺术乡建的问题。因为我认为，人类社会的每一次转型必然会伴随一场"文艺复兴"运动。所谓的"文艺复兴"就是，每次面临社会转型人类都会回到文明出发的原点重新讨论人类存在的价值。最大和最有影响力的文艺复兴是15世纪至18世纪发生在欧洲的文艺复兴，是这场文艺复兴促使了工业文明的诞生。在这一场文艺复兴中，人们在古罗马、古希腊文明中寻找新的文明发展的资源。后来古希腊的城邦文明、商业文化、城市民主政治、罗马法等成了工业文明发展的基础。

今天，人类社会又面临一场大的转型，在这次转型中也会迎来一场新的"文艺复兴"吗？这场新的"文艺复兴"将会在什么条件下产生哪些新的诉求？我觉得这是值得讨论的问题。如果人类的再一次"文艺复兴"还要回到轴心时代找资源的话，和欧洲的古希腊文明同处于轴心时代的中国先秦文明的智慧，能否成为未来的生态文明诞生的理论资源？希腊的文化基因是城邦国家，中国的文化基因是乡村国家，未来走向生态文明社会的很多形态将与乡村国家的基因有更多相联系的因素。先秦时期的"天人合一""天地人和"等传统哲学会不会给我们新的思考？费孝通先生早在20世纪40年代就指出："我不敢否认世界文化史中可能再有一次文艺复兴。这一次文艺复兴也许将以人事科学为主题，中国和其他东方国家传统可能成为复兴的底子。"费先生到了晚年的时候又反复提到"文艺复兴"，他希望在这场"文艺复兴"中中国的知识分子要有这种担当，而且，他认为，"文艺复兴"在国家的经济发展到一定高度的时候才可能出现，而今天的中国已经有了这样的基础和条件。

欧洲的文艺复兴曾为现代化的发展开了一扇大门，新的一次"文艺复兴"能否为未来即将到来的智能化生态文明发展打开大门，这是近十多年我一直在思考的问题，在这样的思考的基础上，我提出了"生态中国"的概念。有人提出中国的未来是城乡中国，也就是城乡一体化，但我认为乡村走城市化的道路是不可行的。城市的空间和城市的理念已经遇到瓶颈了，唯一能突破这一瓶颈的就是乡村。中国想探索出一条有自我特色的发展道路，一定要很好、很合理地利用我们的乡村资源。

在未来的社会发展中，中国完全有可能在传统的基础上，通过网络覆盖、智能系统和新能源利用、高科技下乡、知识和人才下乡等手段，在乡村发展手工业，发展文化产业、旅游业和生态农业，然后，探索出一套绿色的可持续发展的生产方式、生活方式以及经济消费方式。为什么当年欧洲社会能走在人类社会发展的前面，就是因为它率先进入工业革命。如果我们中国能率先进入以高科技和网络为基础的生态社会，我们就有可能成为新的社会发展模式的开创者，就有可能为世界为人类的未来发展作出巨大的贡献。

我为什么有这样的看法和认识？是因为我长期在做中国手工艺方面的研究。在研究中，我认识到中国在历史上就是农工国家，不仅有发达的农业，还有发达的手工业，在历史上就是一个世界工厂，当然这个世界工厂就是手工业工场。为此我研究过古代中国的出口贸易，主要是瓷器。我认为，农工相哺就是中国的文化基因，这样的基因在今天还能起作用吗？这样的基因和文艺复兴、艺术乡建有关系吗？我认为是有的，当年欧洲的文艺复兴从认识人自身开始，其所呈现的艺术活动主要是在文学和绘画上。那个时候人们提出的问题是：我是谁？我从哪里来？我到哪里去？

而今天的"文艺复兴"要解释的是人类对自身文化的认识，提的问题是：我们是谁？我们从哪里来？我们要到哪里去？在艺术上的体现是从艺术化的生活开始，从重构生活的样式开始，手工艺复兴和艺术乡建都属于这样的内容。

艺术家参与乡村建设，不是把作品带到乡村去，而是通过他们的作品和思考激活传统，唤醒传统，看起来是在追求传统，实际上是以古为新，促进乡村手工业复兴。手工业是衣食住行的艺术，与实用相结合的手工业复兴，能重构乡村新的艺术形式、新的时尚生活。

因此，我认为，艺术乡建是由艺术家和设计师进入乡村去激活传统，接下来就是村民自己发展，随后再由各种力量共同介入推动乡村振兴。我认为，当下艺术家的任务不仅是创作艺术作品，更是要想办法成为新生活与新艺术形态的创造者。在他们的参与下，乡村的生活会和城市生活一样富有吸引力，这就是这个时代的艺术家的任务。我认为，艺术家也好，人类学家也好，都必须参与到当代生活中来，这样的艺术才是有活力的。作为人类学家，如果只满足于在书斋里读书，在前人的文献里边找资源是不够的，因为现在社会的发展很快，如果我们仅仅停留在书本知识上，是很容易落后和跟不上时代的。人类学家一定要到社会事实发生的现场，也就是实实在在的田野中做研究；艺术家也一样，必须回到艺术的现场重新思考艺术的价值和意义。这样的学者越多，这样的艺术家越多，我们国家才越有前途。

黄桂娥老师的发言也很有意思，她发言的内容是用文学艺术来帮助农民建构新文化，我觉得这也很有必要。但我们不要忘记中华文明有五千多年的历史，这五千多年的历史是谁创造的？大量的文化并不完全是知识分子创造的，而是由民间的农民们创造的。古代的宫廷文人下去采风，通过采风得来的资料来建构精英的大传统，因此，中国的传统文化实际上是官方和民间、精英和民众、大传统和小传统互动的。在当下知识分子的眼里，农民变成了没有文化的愚钝之人，因此，我们才搞文化下乡，帮农民写字、画画。但黄桂娥老师没有这样认为，她说，他们下乡是在互相建设，他们团队的学者去建设乡村的时候，通过体验乡村，通过学习乡村，提高了自己对乡村文化的认识。

其实我们今天应该有一个新的观念和新的认识，不是我们去拯救乡村，去治理乡村，而是需要乡村拯救我们，需要乡村来振兴我们。在这样的背景中，我们需要重新去理解乡村，理解农民。我很欣赏渠岩老师的一句话，就是我们"要重估乡村价值"。

费先生去江村考察的时候，他告诉农民他到乡村来干什么时，讲了三句话，"记录农民生活，发现农民创造，寻找农民发展的出路"，这三句话很通俗，没有写在书里，是我去江村时村民告诉我的。这三句话看起来很简单，但很重要很深刻，也可以把它用在中国人类学家的研究目标上，即："记录中国人的生活，发现中国人的创造，寻找中国人发展的出路。"因此，我们的乡村振兴并不仅仅是针对乡村，而是针对中国未来所要走的道路的探索，在这样的探索过程中，我们不仅要记录中国人的生活，撰写人类学民族志，最重要的还是要发现中国人的创造，总结中国人的创造，寻找中国发展的出路。如果我们不能发现和总结中国人的创造，我们就不可能有中国人的文化自信。

刚才有人问我，艺术乡建有没有形成一个样板或者是模式，他说，全中国那么多的乡村，太需要样板了。我说，没有样板，也没有模式，所以他就觉得，如果那么多的乡村，没有样板和模式，我们有什么经验可以传授？我们办展览还有什么意义？我回答的是，虽然没有样板，没有模式，也没有经验，但今天谈到的方法和路径，还有观念和角度，就是我们要讨论的。有了方法和路径，以及观念和角度，我们就可以因地施宜，做出具有各种特色的乡村建设的样式来，而不是提出现成模式和榜样，来让大家模仿。如果我们把全中国的乡镇都变成了乌镇，或者都变成了同里，那就太可怕了，保持多样性还是很重要的。

王廷信： 王永健老师谈了日本社区营造的两个案例，因为日本的现代化发展过程可以说跟我们中国非常相似。我觉得向日本学习，或者借鉴日本的一些经验是非常有价值的。从这些案例中王永健老师也总结了一些启示，比如政府的立法支持，比如调动企业的热情参与到乡村建设，或者是他们所说的社区营造到乡村当中来，我觉得这个是非常有价值的。另外就是不同力量的协作，因为乡村建设也好，或者社区营造也好，绝不是一种力量可以支撑起来的，需要不同的力量，建构一种合理的机制，能够把这种氛围，或者这种状态撑起来，我们现在在建设乡村过程当中需要借鉴日本的做法。

袁瑾老师讲了一个非常典型的案例，这个案例其实是我们中国祭祀活动当中最为典型的案例，就是中国传统舜王庙会的表演活动。这样的活动以信仰作为纽带，我们没有这样的信仰就不会有这样的活动。这样的活动在我们中国持续了几千年，从商周时期就有了，到了秦汉时期已经开始兴起了，只是到现代社会之后，这种传统在特别的时段中断了，到今天在建设乡村文化过程中有机会复兴，这是非常有参考价值的。

方李莉老师是在仰望星空过程中思考了很多理论问题，这些理论问题对于我们思考乡村文艺复兴、乡村艺术建设都是非常有价值的。方老师思考的是非常大的问题，她既可以从经验出发思考问题，又能够把问题归到宏大叙事当中去，我觉得这种是相对理想化的叙事，比如对人类的思考。从工业文明到生态文明，究竟要经过什么样的环节？怎么能够从生态文明，尤其是以乡村为代表的生态文明中汲取力量，反哺到现代社会当中去？对于这些问题，我们还有很多工作需要做。在社会转型过程当中，我们传统的文化，能不能借助社会转型出现文艺复兴的热潮，这也是值得我们思考的。方老师谈的这些问题，从国家经济社会的现状以及国家整体战略来看，是非常有可能的，我们从来没有像今天这样对这些问题如此重视，全社会都重视传统文化和传统艺术的振兴，我们怎么样在这样的氛围当中，或者这样的风潮当中思考传统艺术的位置，还是需要更多理论研究的。

王建民： 听了很多老师的发言，我对艺术乡村建设有一些新的认识，特别是在今天这样一个状况之下，我们怎么谈艺术乡村建设。

大家在讨论"介入"的概念，我们说艺术乡村建设的时候，为什么是艺术？用人类学的观点来分析艺术，艺术跟文化又是什么关系？

如果说"建设"是一个关键词，那么在乡村建设中有没有可能没有艺术？实际上不可能。只不过是近代以后，人们把乡村本来有的艺术抛弃了。为什么抛弃呢？因为人们说这些东西都是"落后"的，艺术变成了"落后"的。这个时候我们再来看，有很多人说乡村没有艺术，艺术家把艺术带到乡村去，乡村就有活力了。在中国艺术乡村建设中确实很多人是抱着这样的想法去乡村的，他们试图改变乡村。这样的想法也有它的合理性，合理性就在于我们乡村确实已经被破坏掉了，艺术已经被摧残了，因为原本在文化中间的艺术被剥离开来了，今天我们看乡村的文化也已经是支离破碎。不光是艺术的问题，现在我们面对乡村空心化，大量的乡村人口流动出来到城市谋生，这样的状况下我们怎么来看乡村建设，怎么重新有一个认识？

我们这些年讲乡村振兴，讲新农村建设，其实在这之前还有一个条件，就是村级的直接选举。为什么要在村开始直接选举？其实还是基于 20 世纪前半期的乡村自治理念。实际上我们现在的艺术乡村建设过程也存在这样一种理念，我更愿意把成功的艺术乡村建设理解为一种真正的乡村振兴，发自乡村内在力量的乡村振兴，因为离开了主体性，乡村振兴实际上是没有办法落实的。

我们看乡村振兴文件的时候，特别强调了文化的部分，也强调了村民的参与。村民具有主体性之后，我们再来进行艺术乡村建设，恐怕是非常重要的。所以从人类学的观点出发，在艺术乡村建设的时候，第一件事情就是发挥村民的主体性，核心就是主体性，真正让村民行动起来。艺术家介入起到的是一个带动作用，当然我们也肯定艺术家的做法。这也涉及另一个问题，我们在讨论艺术人类学问题的时候一直在想，艺术到底在社会里起什么样的作用？

什么叫艺术家？艺术家一定是别出心裁的，一定是有他自己想法的，艺术家绝不甘于照一个模板去复制。艺术家的创新，当然和理论家不一样，和哲学家也不一样，他不是有了一套系统的哲学思考以后去创新的。艺术家在很多时候，就是因为对原有形式不满，对原有规则不满，就试图打破陈规，进行各种尝试，那些成功的尝试后来就被大家认可，在艺术史里就是这么一个状况。哪个画派最初是把事想明白了才去画画的？实际上艺术家是在画的过程中不断地去琢磨，慢慢形成体系和观念。

我很欣赏艺术家的很多作为，在这个过程中他们和我们做社会科学、人文学科的学者能够合流，能够一起推动一个大的事业，那就是我们国家的乡村建设。这是我的想法。

任珏： 因为我在企业里既做项目，也做研究，其实我个人的心情是很焦虑的。我第一次看到这次展览，看完展览的前言，就已经热泪盈眶了。我在展览中看到的是人的内容，这是在工作中很难看到的，因为在工作中人们都是以规划师和建筑师的传统思维，用一个瞭览图的意向去理解当地的。但是展览中呈现的是比较落地的、接地气的，是脚踩在土地上的，是去跟人互动的，甚至进入他们心灵世界的一些工作。

方老师也谈到快和慢的问题。企业讲效率，追求利润，是一个快的状态；艺术可能是追求价值和意义，是一个慢的状态。但是从人类学家的角度来说，我觉得我们还得着急，因为对文化的破坏和毁灭也快。行动者、介入者是不是也得加快步伐，去把推土机稍微拦一下，或者给推土机指导一个方向，告诉它这条路不应该去挖，可能需要绕过去，把文化遗存保护下来，文化的价值才能在真正意义上得到体现。

企业和艺术创造者都需要介入者的力量和声音。人类学家在快和慢之间，到底是继续慢下去，去做慢研究，还是用快的方式去进行一些应用型的参与，然后把我们的知识，把这两天这么高密度的内容延续下去？整个开发建设以及运营或者是文化生产过程，本身也是一个体系，每一个不同的主体参与其中，都有自己的角色，但是目前的情况就是盲人摸象，摸着石头过河。艺术家参与乡建是摸索的，人类学家介入整个行动中来，也是一种摸索，用研究的方式去摸索。我们这个企业近几年要做一百个"美丽乡村"，昨天提到了不可复制性，有那么多点要往下落，如果不用重复的方式，那么用什么方式？这也是企业需要面临的一个挑战和课题，这就需要人类学家，通过大家共同的协作，去把方案找出来，这样才能激活整个生态系统，再以一个活态的多样共存的文化共生方式去往前走。

我们也做商业模式的研究，有一个个案可以参考。韩国有一家化妆品公司，叫雪花秀，跟清华一个院系合作，企业在学院里面设立研究项目，用三年时间，每年拨款一百万元，专门培养非遗手工艺人。他们会展览研发出来的设计，然后挑选其中比较适应市场的投入市场。有手艺人参与的产品，市场价格一定是最高的，这需要商业包装或者市场营销的运作。企业除了去开推土机，还可以做平台，也还可以做包装。不管是学者们的思想也好，还是手艺人和匠人们的产品也好，都需要有推手去推动，让它的价值最大化。如果只是在小圈子里面倒腾，不能变成有意义的价值和能够促成新的文化生产和文化再生的内容，那么艺术乡村建设将无法发挥应有的作用。

第三部分

艺术乡建的争议与反思

赵旭东：如何才可能艺术地介入乡村？

（中国人民大学人类学研究所所长）

"艺术介入乡村建设"的提法恐怕是方李莉教授的"专利"，她没有用"进入"，而是用了"介入"这个词，这实际上是非常巧妙的。因为对所有研究乡村的人而言，第一个困难就是进入乡村，艺术家也没有能进入，只能是"介入"，这个词用得很不错，没有太自以为是，我认为这才是一个学者所应该秉持的态度。

我认为人类学家总体上要谦虚一点，不要去乡村跑上两三天，乃至 30 天或更长时间，就认为自己懂农村了，就要想着去做一点什么，无论是"乡建"也好，还是别的什么也好，实际上都一定是做不好的。费孝通研究了江村一辈子，一生有大大小小的 27 次去江村重访，正所谓"行行重行行"，但他也没敢说自己真正进入乡村了，并为此做了一点什么。在这一点上，费孝通是谦虚之人，是不肯打着虚名去做事情的。因此人类学家还是谨言慎行为好，少说什么无遮无碍的"进入"，更多只可能是一种"介入"。"介入"可谓真正以不干涉当地人生活为最高理想的。在这个问题上，艺术家之所以能介入乡村，是因为乡村自身面临一个更大的问题，那就是现代工业对乡村诸多方面的替代或取代。

刚才听见有人讲村落的案例，艺术家在村子里用一块木头削一削，就有人买了，普通百姓用木头做成实用的铲子，就没什么人买，集市上可能只卖几块钱。原因是什么呢？就是现代工业产品对手工业制品的替代。木头勺子很笨重，现在都用不锈钢或其他更轻巧耐用的产品来替代，名牌工厂生产的勺子卖五六百元，那也有人买，但是老百姓辛辛苦苦用手工做的就是没人买。艺术家介入的好处就是，借由一种艺术的创造，反过来又把工业化所不断祛魅的东西拉回来，附上一层有着艺术气息的魅趣，因此便让大家感觉到这个经由艺术家之手创作的作品有神秘感和独特的吸引力。一个本来是老百姓家庭生活中的粗糙的手工制品，到了艺术家手中就变成一件艺术品了，这就无形之中增加了一种魅力，所以我觉得今天艺术家的价值实际就在这里，说白了就是跟古代的巫师差不多，将一种"魔法"巧妙地注入人所使用的物品之中，借此来给人民大众一个寻找意义的赋魅的机会，使其活得更为有意义。

实际上，我们的一切制造，都是在这个时代发生，并受到这个时代制约的。因此，谁也不可能超越这个时代。刚才讲到梁漱溟以及费孝通诸位先生，他们也自然无法超越他们那个时代。而且任何一个时代都不可能是不变的，每个时代因为各种原因都会实实在在地发生着改变，这种改变可大可小，但一定是在变。有诸事顺遂、变化较小的，也有所谓"数千年来未有之变局"。今天我们所遭遇到的改变就是一些新技术所带来的生活方式的改变。这些改变也影响着乡村的样貌。原来我们学者非常地自信，想当然地认为自己可以去研究乡村，认为乡村就是自己随时可以进入、去研究的，但实际上，当你真的去到乡村，很多时候是不那么容易进入去做研究的。

现在的研究者身边有越来越多的他者存在，甚至即便是自己的孩子，随着孩子逐渐长大，接触社会，也都可以成为他们家长眼中的他者了。理解孩子们并非那么容易，原因就是，我们这一代人跟新一代的孩子们之间因为新技术的介入而越来越不能有什么实质性的交流了，改变我们的思维以适应新的一代，理解新的一代，成为一种刻不容缓的任务了。

有一次我跟中国台湾地区一位人类学家闲聊，原来他曾经认为，人类学所要坚持的就是一个非常刻板的实证论田野民族志，也就是马林诺夫斯基意义上的到遥远之地从事田野工作的科学民族志，比如一定要扎根在村里去做田野，在那里好好地去研究农民的生活。但最近，他每天回到家里面就感觉非常愤懑，因为他的孩子天天都在看动漫。他的儿子是一名"90后"。这种场景令他十分生气，饭也吃不下，好像血压也开始不知不觉地升高了，曾经细密的田野笔记，现在也写不出来了。但后来他还是改变了自己的看法，开始认真地研究新一代，他为什么改变了呢？因为他儿子后来专门来找他了，跟他细聊新媒体和动漫背后的意义，他因此渐渐开始明白了儿子这一代人的思想和价值观念的改变，也渐渐开始去研究身边的新媒体了，他的儿子后来甚至成了这最新领域的研究生，有时间就跟他讲日本动漫背后的真实意义，他因此才幡然醒悟，明白了人类学所处语境的改变。在讲课的时候，他开始尝试着用日本动漫作为课堂讨论材料，这样又开辟了一个动漫人类学的新天地。对于这样的一个案例，我认为，人类学作为一个洞察人的生活的学科，一定是要跟着时代去走的，也就是要跟着你身边新出现的你不太懂的那些东西走，因为它们可能代表着未来。因此，对于乡村而言，先要把一个村庄普通人的生活了解透彻了，然后再去寻求究竟是要改变还是不要改变。在这方面，乡村未来必然会出现一种自主性的问题。另外，多元主体性的问题也会冒出来，这也将会是未来的一个问题，就是在发展权上究竟谁是主体的问题。

再有就是艺术家介入乡村，愿意待在那里，究竟是要做什么呢？人类学家的目的看起来似乎很简单，他们是要尝试着去理解那里农民的生活，而艺术家到底要做什么呢？这个问题看似简单，实际上会关涉到未来乡村介入的艺术家的持久性和持续性的问题。如何"进村"是每一个人类学家都要去讲的第一个人类学的故事，这个故事很简单，就是他如何进驻到这个村子的，要跟村民混得极熟悉，才可能进村。实际上，村子并不是那么好进的，而艺术家是怎么进去的呢？目前还没有一个人真正讲得出这个故事。

在乡村里，如果你有大用，村民完全可以选你当村主任，让你当领头人。农民的世界，此一时彼一时，所谓"三十年河东，三十年河西"，他们的文化里更为讲求务实，也很希望把艺术变成他们生活的一部分，来让曾经远离他们生活的那些艺术能够嵌入他们的生活之中，前提是农民需要这样的艺术，如果不能激发出这种需要，那艺术介入乡村还是一件很遥远的事情。这恐怕跟农民的思维实用性和无恒定性是有某些特殊联系的。

因此，对于这样一些艺术的乡村介入案例了解得多了，了解得久了，就应该知道如何渐渐把发展的权利真正交回到农民自己的手里，让他们在自己的运作逻辑之中成长，也让他们在其自身的语境之中自由地发育，只有这样，在未来农村的发展中才可能有一种很强的生命力。或许，我的这一看法跟主流观点有些不太一样，但是如此想到了，早点说出来，恐怕比晚一点说会更好，不至于借由艺术家的自傲而把乡村发展引导得太令人不可思议。当然，我并不怀疑，这样一种乡村的艺术介入属于新生事物，无论它成功了，还是失败了，都自有它存在的道理。

人生是没有"重来"这一说的，因为你是向着从一岁活到八十岁或者更长这个方向成长的，妙手回春只是一种理想而已。所以，这样想来，任何事物都是遵循这种由新而旧的演变逻辑的。因此，艺术介入乡村，也是一个新现象，既然是一个新现象，它就不可复制，不可重复，我们怎么把这里面更深的东西想尽办法挖掘出来，变成一个大家可以获得共同理解的经验，以便于去理解其他的类似现象，否则便都是在复制同一个村子的模式，然后再用到其他的村子，这样做实际上就变成了隔靴搔痒，长期的目标不太可能实现，并且可以肯定，就像所有最初的乡建运动的鼓吹者一样，这样做除了自己得到了一些虚无缥缈的名声之外，改造乡村的目标最后都一定会以失败而告终的。直到今天，费孝通的《乡土中国》为什么还依旧重要，主要还是因为在文字背后所隐含的那些思想，如果不了解那段历史，自然也就不知道《乡土中国》究竟是写给谁看的。在那个时候，费孝通作为一个人类学家，真正思考的是未来的新中国如何能够长治久安的问题，他在公和私的问题上，在中国人模糊性的差序格局与西方清晰的团体格局的文化比较上，都考虑得比较深，一般人是不容易理解这一背景的。

接下来我想谈一谈"经纬乡土文化的关键词"，所谓"关键词"，就是"经纬"和"乡土文化"这两个词，其实就是意味着如何去研究多重力量杂糅其间的中国乡村及其出路问题。我们原来的作为他者的乡村，日益走向了一种多重力量并存的乡村，所以现在研究乡村的人,实际上都会面对一种多重力量参与进来的乡村现实。

很显然,在曾经是人类学家平心静气要去研究的这一片乡村沃土之上,那里宁静的生活受到人们的过度关注而开始日益热闹起来。在那里也有了多重利益相关者的参与,这些参与者中既有本地人,也有外来者,当然,这既可以说是一件好的事情,也自然可能隐含着一种负面的影响。要知道,一个事物绝不可能是单一存在着的,尤其是在今天基于信息交流的复杂社会环境之中。

今天我们会鼓励年轻人去做田野调查,而像我们这个年龄的人可以先放一放,我们不是不做田野调查了,而是不要总讲那些田野之中的琐碎之事,而是要讲一些人类未来可能会向何处去的带有根本性的问题,甚至本体论的问题,也就是需要跟人类学家谈谈哲学了。作为艺术人类学家,方李莉教授已经开始去借助艺术人类学来谈中国的"文艺复兴"了,我们似乎也有必要去谈一下乡村在今天的复兴或振兴问题,不妨在这方面自己先抛砖引玉一下。

"经纬乡土"这个概念,我先用一首打油诗来做如下的总体性理解:

乡土民艺建,进出归去来。上下双轨制,家国天下安。

经纬织密网,左右互惠缘。观念有无间,行动谱新篇。

在这里,我把前面十个字先给大家讲明白,这同时也是十个关键词。为什么要讲这些关键词呢?这背后是有理论的,田野调查不能够离开理论,没有理论雄心的田野调查实际上是很可怕的,因为那样也就抹杀了人类学家去田野真正的目的和价值之所在。我认为,在现代哲学界,维特根斯坦这个人实际上是不得了的,他的一个理论把研究微积分的人全都给颠覆了,声称不要再用那种微积分语言了,它不是真实的语言。那种数学的语言与我们理解的世界似乎总是会隔着一层，但很可惜，我们现在还一直在用微积分语言，发所谓好的文章，或者接近所谓世界一流榜单的文章，都还是一种微积分思维，也就是不分青红皂白地玩弄微积分的语言游戏。维特根斯坦就说，所有的符号语言，用以表意的东西，最后都不过是一种语言的游戏罢了，大家掌握了某种语言，也就是像玩游戏一般来玩一下语言而已。因此，不论你是愤怒，还是高兴，不论你地位高，还是地位低，最后实际上都要奔向同一个地方，都是去玩同一种游戏。这种观点今天看来依旧很重要，因为有了这种认识之后，就可以给不同表述的存在留以更多的空间和可能，在这方面特别是给人类学家提供了一种更多占领文化表达舞台空间和获得注意力的机会。维特根斯坦是用人类学来说事，振奋了一下人类学，认为只有人类学才是真正在使用语言。在这方面，他肯定一切符号或者指示皆为语言，比如，我手指指向哪儿，你就会往哪里看，箭头往上就会去看上面的，箭头向下就会去看下面的。所以，为什么一个社会的集中意识很重要，这是一种引导性的箭头意识在使一个社会变得更为井然有序。

　　对于一种语言而言，不论其意义如何，照维特根斯坦看来，那也只有在其被使用之中才可能有意义，这句话就必然要到人类学中理解，也就是真实的意义要到具体的老百姓怎么说话里面去摸索和体会才行。我认为，对田野民族志学者而言，这一点很重要，文化人类学家和语言哲学家之间真正有了一种相互沟通的感受存在了。因此，我们在理解文化的时候，一般而言，语言很重要，它是文化的载体之一，无论是符号还是文字，都必然属于语言的一类。"乡土中国"这四个字就代表了这个特征，这里的两个关键词就是"乡"和"土"。

应该知道，我们是通过词的关联来理解文化的，比如有人问你："什么算是美食？"你如果喜欢肉食，那回答可能就是"东坡肉"，这是一个词，是两种东西的结合，由此而产生出一种联想，这就体现出了一种文化的特征，也就是把饮食和大家都熟悉的苏东坡这个人联系在了一起。

更为重要的是，关键词之间是会有交叉的。比如，乡和土之间就是一种交叉，因此乡土是指一种交叉之后的独特意境，不是非此即彼，而是"你中有我，我中有你"的混同感。词语都是一种交叉接触之后才产生出一种文化意义的，并且关键的是由此交叉而带来一种新的意义生成，与之相伴而生的便是一种新的实践。在这方面，人类学家似乎也不要太自卑，语言就是这么一个游戏的过程。有点像岸边的船家戏水，把客人从此岸摆到彼岸，然后再把另一拨客人摆渡到此岸而已。分析文化，说白了就是某一个合适的人找出一个合适表达的关键词，比如"文化自觉"这个词，如果你提出来，也许就没什么人去听，但费孝通提出来，那就不一样，他是经历了九十几年的风风雨雨和深思熟虑之后提出的，不同于一般人随随便便提出的，后者无法让人产生一种内心的冲动去读他的东西，因此在这里就需要有一种人和概念之间的匹配，也就是交叉，这就是一种词语交叉产生的独特联想效果和意义生成的机制。

同时应该清楚，我们这个时代本身就是一个相互交叉的时代，可以相互在真实和虚拟的媒介上沟通，比如微信群你来我往的频繁互动和碰撞，你会发现在此过程中你的思想也因此而发生了一种改变。今天所要讲的打油诗开头的那十个关键词，我认为它们之间就是一种经和纬的关系。在这里，经线就是关键，织布先要有经线存在，然后用纬线来回地去穿梭，人生因此就是经纬线，你可能会有很高的智商，但是没有纬线去辅助你，你就什么也不是，不能成为经纬出来的材料，得到社会的使用。人生就是这样通过这种经纬线条细密地编织出来的，缺少了其中的任何一个维度都不行。在这方面，经线还是根本，如果一个人活到了三十几岁，正是事业蒸蒸日上之时，一查身体出了毛病，体力不行了，也就是人做事情的最为根基性的东西不行了，那也是什么也干不成的。如果是这样，经纬都有所偏失，那人生自然也是不会特别圆满的。

这里讲经纬，根本是要问何以有乡？何以有土？何以有民？何以有艺？何以有建？诸如此类的问题都是跟一个一个的概念联系在一起的。实际上，所谓的土就是一种保障，没有了土也就别谈什么土地之上有所归属的产权和收益了。在这方面为什么老百姓什么都可以忍，但是一动到他们的土地就不行，丝毫不让，寸土必争。对农民而言，说得更为精准一点，土地才是他们眼中的根本。这里"民"这个概念也很重要，"农"和"民"两个字一交叉就成了"农民"这个独特的概念，他们似乎天然地就跟土地捆绑在了一起，但背后实际上还是一种种地之人要守土安家的意识形态在起作用，否则人都是一样的，是需要到处去游走四方的。在这方面，农民并不是发自内心地自己想着依靠土地来生活，而是一种强劲的约束农民在地上干活的意识形态在发挥着作用，由此而影响着人无法迈开双脚过一种到处游走或人类学所谓采集狩猎的自在生活。还有"艺"字，本意是指人的手，也就是用手把树木种到地里去，但手艺的问题跟农民的种地还是大不一样的，手工艺人一旦掌握了这门技艺，他们就可以走街串巷地脱离开这个区域，可以自由自在地到处去游走，不依赖于土地而生活了。

实际上，经线如何能够和纬线之间发展出一种交叉，出现一种触碰之后的火花，或者根本上说是何以能够产生出一种新的意义，这都是文化生产和传递问题的关键。比如说"乡"跟"进"这两个概念发生了交叉，可能就会出现可以进入乡村的图景，而如果你进入不了乡村，那实际上就未曾产生过"乡"和"进"二者之间的交叉，这是一种孤立的"乡"和外来的"进"之间的矛盾和转化，机会成熟了，二者出现了有实质性效果的碰撞，也就是可以随意地进出乡村了，反之，则只能被乡村挡在界限之外，无法做到一种真正的进入。在这方面，"艺"也是这样，艺术要介入乡村，凭借的是什么特征属性可以与乡村之间发生一种触碰，出现一种熔断的进入，一旦进入了，你又如何出得来，形成对乡村的真正有启发性的理解和认识？在这方面，农村研究者不仅要进入，重要的还是能够走出来，是既可以进入又可以出来，有进入的研究，也有出来的思考。

同时，经纬交叉往往还会是一种社会合力的来源，也是人们生活的最根本，在交叉中人获得了社会的资源和文化的意义。甚至这种交叉往往会是所有的传承、吸收、转化以及再造的种种可能性的来源。所以，社会之中的交叉基于交流，交流产生一种改变，而改变则是一切的文化不会僵化成为博物馆中的文物并能够持续存在下来的根本。

对任何社会的发展而言，在我看来，有两个东西是至关重要的，一个是所谓的机遇，而另一个则是刺激。在这方面，机遇着实很重要，没有改革开放，恐怕就没有今天的中国在世界中的地位。而另外一点就是刺激，实际上贫穷一点都不是坏事，我最近研究的案例，很多都是从最为贫困的人开始，他们内心之中都有强烈的欲望要改变命运，最后挣到钱了，命运也改变了，整个生活也就因此而改变了，他们开始追求艺术、追求文化，同时还可能去追求一种生命价值了。想一想，如果他一开始就是富裕的，一生下来就生活在一种富足无虑的氛围之中，那又会是怎样的一种境况？对于这一点，大家可以尽情地去做一番猜测。

或许，今天人的生存状况就是一种挣扎，并且所有人都必须处在一种挣扎之中。因为不论你做了好事，还是做了坏事，似乎都是为了到达人生的彼岸，这才是人的根本，是人全部行为的基础。依此逻辑，我们也可以深度地考虑一下我们所做的每一件事，当然包括我们正在做的那些所谓"艺术乡建"的工作，在这种艺术和乡建的交叉之中，乡建似乎照旧，但艺术是不是因此而"生不如死"呢？

于长江："建设"——艺术乡建的关键词
（北京大学教授）

各位下午好，首先感谢主办方，感谢方李莉老师提供这个平台，提供这个机会。乡村建设包括艺术乡村建设，应该说现在是个热门的话题，实质上我们身在其中都知道，这是一件逆水行舟的事情，你不去推，没有人主动地公益性地去做，其实就会停下来，或者会走偏，所以像这样的会是非常重要的。这样的会，实际上除了我们讨论的内容之外，还有一个非常重要的象征意义，那就是有这样一些人，以这样的心态，以这种方式不断地坚持和坚守我们认为比较好的方向。乡建有无数种可能性，而我们实际上是在坚持一些东西。今天因为是自己内部的讨论会，我就直接谈我的一些观点和想法。

我为什么用"建设"作为关键词？因为我觉得乡村建设实际谈的

是建设，乡村建设我们可以从任何角度去谈，可以从艺术创作的角度，也可以从政府发展的角度，产业的角度，开发的角度，各种产业基于创业的角度，扶贫的角度。我们谈艺术乡建，很重要的关键词是"建设"，我们谈艺术比较多，谈乡村比较多，但是真正的动词、动词化的名词"建设"才是一个核心词，所以我想谈一谈这个问题。

到底为什么要建设？到底如何建设？在为什么建设这个问题上人们没有达成共识，社会上有的人认为这样，有的认为那样，而我们这三个案例选得非常精准，这三个案例，其实本身也回答了为什么建设和如何建设的问题，比如许村的案例。实际上许村是时间比较久的案例，是一个老的案例，也是必须视为典型的第一批艺术乡建案例，在座的都很熟悉了。这样的模式本身有一种理念，这种理念首先对乡村的价值进行确认，这是对我们过去二三十年在城乡关系中一味强调大城市、城市化这种理念的反思和反响的努力，我们强调乡土的价值、乡村的价值，这里边有生命的延续，中国人生命的延续，是我们的神性家园，这样的理念支持着这样的模式。

景迈山项目的艺术家将景迈山设置为一个"镜像"，让村民能够跳出来看自己，这时候才能激发文化自觉，激活本地人的积极性。原来他们认为自己身上习以为常的东西什么也不是，但实际上这也是一种文化。这是对长期被强势霸权话语掩盖、压制，或者消灭掉的一些意识的重新激活、唤醒，我们乡村一直处于这样的状态。

石节子这个项目我不熟，但从中我看到一个比较重要的特点，就是村民与艺术家人际关系的建立。因为我们中国是一个关系社会、人情社会，我相信不管村民还是其他人，他见到人的时候，首先不会想到艺术家的艺术，而是想到你们这些人是干吗的，你们认识谁，你们的圈子在哪里。村民通过这个艺术家，认识艺术家背后的一个相当丰富的圈子。这时候村民觉得还有这么一帮人在城市里，原来不知道。原来一般村民跟城市、跟主流社会打交道，接触不到这些，后来意识到还有这么一帮人，甚至全世界都有这样一帮关心他们的人，使他们重新认识自我，这些方面都非常有值得思考和探讨的空间。我觉得这三个案例对我们来说，具有不同角度的启发，实际上也在论述为什么叫乡建以及乡建背后隐含的不同逻辑。

我们现在谈乡建，至少我们常人，或者官方主流社会，大多数人认为乡村是我们过去的家园，是我们精神的归宿，我们对乡村总是有一种怀旧式的归属感，但这是不够的，这点我同意方李莉老师提到的，乡村建设必须面向未来，我们说的这个乡村，既不是简单的当下的物理意义的乡村，也不是我们所谓过去古代的乡村，我们说的乡村建设，这个乡村我个人认为应该具有一种未来性的概念，是我们对未来的选择，而这种选择不仅仅是因为它过去如何如何，就是在我们现在整个发展路径中，它也是一种非常重要的选择。而它的过去所有美好的东西，提供给我们一些新的要素、新的元素，说白了就是在城市中也应该去充分地发挥乡村的因素、乡村的要素，所以我个人的观点是，乡村要变成未来时的东西。

虽然我们现在谈乡村建设谈得非常多，但是大家各自表述，每个人谈的乡村其实都是不一样的。有的人搞民俗，有的人搞地产，各自有自己的考虑。我觉得我们要总结出一个共识，就是我们要围绕建设讨论，因为建设不可避免地是改造的问题，建设和一般的改造要有个方向，这就有一个问题：我们怎么确定那个方向？这是无法回避的问题，你怎么做，到底建设什么，这个问题既是很常识性的问题，也是很学术性的问题。乡村原来的人性是比较纯朴、顺其自然的，后来的城市化把人性美好的东西改变了，我们要恢复它，这是一种建设。还有一种是传统。当我们说拯救传统的时候，我们存在一个问题，传统从什么时候开始算起？我们现在谈一个村落恢复传统，这个传统是什么时候的？是清朝的，还是以1949年为起点的，还是以改革开放为起点的？现在我们说的建设都包含这个问题，即我们恢复什么传统。还有我们强调当下性，我们的建设满足村民现在的愿望，村民本身的愿望够不够？如果村民的愿望是吃喝玩乐，我们是不是去这样建设？还有，如果村民知道世界上有多少可能性，他能提出的需求是什么？乔布斯说他从来不做市场调查，他知道你现在需求的东西但他不想提供，他要创造新的需求，让你根本不知道的需求，他比你走得更远，他来开拓人性需求深层次的东西。实际上，我们建设不仅仅是说拿个调查问卷问村民你现在需求什么，因为村民的知识、眼界，包括性格各个方面，导致他可能知道的就这么多，我们需要帮助他开拓可能性。

还有过去的审美。我们建设时常说，过去的审美现在丧失了。说实在的，之所以乡村建设到现在推进这么困难，其实都因为有很多人不相信，不相信过去真的有审美。我们二百年以前、五百年以前的乡村，真的像城市人想象的那么美好吗？我们很多建设，包括恢复已经丧失的东西，我们谈的是恢复它的社会经济功能，使它重新发展起来，在这个过程中艺术发挥什么作用？要是一个村的经济发展了，大的资本涌入，或者大的电信公司进去，直接把乡村网络化，那么我们的角色在哪里？对于这个问题，我个人觉得我们谈乡村建设，视野要广阔，其实艺术本身的建设能力不仅仅在乡村，反过来乡村的建设也不仅仅靠艺术，各个方面都有可能。我也注意观察和考察到艺术可以介入很多别的建设，非常多，包括介入自然科学都可以，我们现在很多科技园里边都办艺术中心，还有一些艺术进入工业园。所以如果认真地研究艺术，我们会发现艺术建设能力、建设性到底在哪里，这是很关键的问题。实际上我觉得有个简单的办法就是看艺术家，不管怎么样说，艺术乡村建设最后是以人为中心的，当然我们也有各种资本投资参与等，但是艺术的建设能力体现在搞艺术的人，或者热衷于乡村建设的人中。艺术家或者批评家，或者是推动艺术家乡村建设的人，非常关键，分析一个艺术家在一个乡村环境中到底怎么发挥作用，我列出来至少有这几点。首先，从案例总结来讲，艺术家的行为超出了乡村原来的公益目的，一般来说乡村的人总是很困惑：你们来干吗？他不能理解，超越他的公益动机迫使他们最后改变自己原来的思维习惯。其次，艺术家有很多另类的行为，总的来说艺术家行为总是有点与众不同，一般来说，刚开始乡村的人对这些行为看不惯，最后勉强接受了。实际上很多介入一开始是很别扭的，甚至引起了冲突，但最后引发了村民和艺术家的思考。最后，一些艺术家在当地做一些创作，他的作品强烈刺激了当地人的好奇心，引发当地人自己的创作动力。我个人有一个观点，刚才我们谈到自信的问题，实际上当地人是不是开始创作，这是恢复自信与否特别指标性的表征。比如说他原来不会画，现在开始画了，这就体现了他的自信，不然说别的没用。

我觉得独特的社会关系很重要，像前面三个案例中最后一个案例，艺术家有一个自己的圈子，从艺术家圈子里来的人，或者来看艺术家的人，和村民不一样，村民们发现世界上还有这样一帮人。总的来说，艺术家在乡村建设生活中相对比较简朴，比较简单，很有钱的艺术家在乡村也不会很奢华地生活，能引起阶层共鸣，村民觉得这么大的艺术家来了之后和他们一样生活，不挑剔，不讲究。这方面的作用是很实际的。

除了前面三个案例，实际上还有一个案例我在上一次会议上谈过一点，是川美一个艺术家在贵州的一个小村落做的，他们采取另外的模式，就是彻底不做项目，不以艺术家的身份改造村落，而是在村落里边买一个房子在那儿住，变成村民的一分子，和村民交往。那个地方有很多失业的木匠，很多人会做木匠活，他们突然发现这些人的手艺可以搞雕塑，于是把这些人激活了，最后这些人自己进行创作。这些木工做的东西，完全是自己设计的。这样的方式，也许最后确实能带动当地人真正开始艺术活动。

金江波：用策略介入乡村建设中

（上海大学上海美术学院副院长、教授、上海市政协常委）

昨天跟大家有过一定的交流，今天讲一下我的体会，另外谈谈对艺术乡建话题的思考。

艺术乡建，或者说用策略介入乡村建设当中去，这几年如火如荼，包括我们讨论的相关案例都可以看到，艺术在乡建中产生出不一样的发酵作用，值得大家提出更多的新鲜观点。同时，对于艺术能不能切实推动乡村建设，乃至振兴乡村，也有更大的讨论空间。

第一，我想，在艺术帮助人类社会进行转型升级，或者是复兴一个地方的能力和生命力等方面，其实有一些国际经验，大家是可以参考的。别的不说，水城威尼斯就是一个例子。它也是一个小城镇，是罗马时代发展起来的,经过几百年的发展有了陆路,后来飞机航空交通时代终结了航海时代,威尼斯商人就逐渐离开了这个原住址,但是这里有非常灿烂的经济建设和那个时候商业文明带来的繁荣,威尼斯的双年展,目前世界上最经典的艺术活动,180多年前就在这里诞生了。

现在威尼斯双年展和威尼斯建筑双年展、威尼斯电影节,已经成为世界上响亮的全球品牌,每年有500多万人去那里参观,以此带来地区业态的转型升级,如建设艺术型旅游目的地,开发以发现现代人艺术思维和创造力为卖点的产品及旅游消费品,顺便改变当地人的现代生活方式。我想这就是艺术为什么要去参与乡村振兴,为什么要参与乡村的可持续发展。亚洲地区比如说日本,有很多关于以艺术的方式重振乡村地区的活力、重新推动乡村发展,乃至打造成一个地方品牌,甚至国家文化品牌并使他们在这个地区发挥出国际影响力的案例,比如日本的越后妻有大地艺术祭。

无论是许村、青田,还是石节子,都提供了这种可能性,我们现在面临这样一个问题——我们是否能够持续推动它们真正成为中国在乡村建设领域被人类社会所认同的一种方式,乃至成为一种崭新的范式?今天有很多人类学家和社会学家谈到了这一点,包括我们文化的重塑,包括精神家园的重塑,包括信仰伦理和体系关系的回归,还有乡村治理的历史上下文的关系。我觉得都是可以思考的。

归根到底,我也认为没有政府的参与,光靠艺术家、社会学者和人文学者是很难维持的。怎么样通过艺术的方式去获得更广泛的认同,包括政府推动政策的建设、法规的建设,可能是下一步的工作要点。我们都知道,在美国有"艺术百分比"计划,也就是规定一个州和地区，要拿出多少百分比的财政收入投入公共文化建设，让艺术去点燃生活。这是我们可以参考的，也是下一步工作的重点。

第二，人类一直持续向前，我们不得不看到现在马上要进入5G时代了，而且中国5G时代将会引领全世界人的生活方式，5G时代将带给我们根本的变化。从地理学的意义来说，我可以在家工作了，可以不用外出进城务工了。本来为了城市的精细化管理，生活和工作都在一个地方进行。数据的流量，大数据的分析，乃至交通，都打破了这个空间局限。所以5G时代有可能让人类居住在美好的生活空间里，让更多人寻找好的生态环境，在好的人文地理环境和丰富资源当中，去享受他的工作。

所以，下一步的乡建和信息化的手段、科技环境的发展以及生活方式的定位和工作方式的定位，都密不可分。艺术和设计如何发挥它的创作力量，可能也是一个课题。

第三，我们当下怎么样能够让乡村振兴不仅是艺术家个体发出的一种呐喊，乃至身体力行的参与，而是能够让培养艺术家和设计师为主的艺术高校，有组织性地来共同参与，也是值得思考的。

下面我会请欧阳老师给大家分享一些我们在长三角地区做的活动。因为中国的乡村其实还是非常复杂的，地理和历史文化的差异导致中原地区、内陆地区和沿海发达地区乡村的现状是完全不一样的，我们在发达地区所参与的这些乡村工作，包括怎么让艺术激活乡村，怎么让村民认同我们，怎么让我们把当地的文化遗产转化为新的生产力，可以提供一种可能性的参考。

最根本的一点是，我想，无论如何，村民要留在那里，让当地人能够回归到他们的好的、原有的生活空间里面去，然后用他们的创造力，来激发一个地方的可持续发展，这是我们的使命，也是我们的价值所体现的。

欧阳甦：莫干山的艺术乡建经验

（上海大学上海美术学院公共艺术理论研究与国际交流工作室副研究员）

今天来开这个会，一方面是听取大家的经验；另外一方面也是跟大家交流一下，我们上海美术学院以浙江莫干山为主所参与的艺术乡建活动。这个机会比较好，因为从过去一年以来，我们深入当地的艺术乡建活动，感觉产生了很多迷茫的状态。我先给大家分享一下，我们在这个过程当中遇到的一些问题和采取的一些办法。

大家知道莫干山是中国民宿比较发达的一个地区，离上海也比较近。我们当初在莫干山做这个艺术乡建的活动，就我个人来说，第一是因为学院的安排；第二是因为我们都听到过特别多的关于日本乡建成功的案例，当时我们也想到莫干山去做这样一个活动，肯定也是比较好玩的，当时是抱着这种心态去的。去了以后，我们在那里要做种种活动，阻力不是特别大，但是我们找不到一个切入点，不知道我们到莫干山去到底要做什么。

我们过去在莫干山请过当地的非遗手工传人，利用当地的竹子作为主要的资源和创作对象进行创作，我们也组织过各种国际工作营，组织过学生来共同创作。我们去的时候，待在那里可能半个月，最多一个月，很多人不了解我们的工作。我们做的这些事情到底对当地有什么样的影响，其实我们自己不是很清楚。

从去年（2018年）开始，我们就深入到莫干山，在当地建了一个基地，我们的学生可以长期待在那个地方。进去了以后，一个很偶然的机会，通过政府的介绍，我们采访了当地各个阶层的人，比如说政府人员、村民、很多民宿业的代表，还有很多工作人员。经过对他们的探访，我们就发觉，我们当初很想做的事情，其实他们已经做了。当地很多民宿业主或者村民，他们在做建筑设计、手工艺设计方面，比我们先行一步了，并不是像大家想象的乱拆乱建，他们在很多方面有文化的担当，很多建筑师和设计师做得非常好。他们真正联系了社会各个阶层，联系政府，联系当地的村民，还有外界各个方面资源最主要的提供者。

所以在这个过程当中，我们对自己的定位产生疑问：我们到底是作为艺术家进入乡村，还是以一个别的什么身份去到这个乡村？那么，在这个过程当中，第一，我们不断地调整自我定位；第二，我们明确了到乡村来是以艺术活动为目的的，还要把艺术和乡村联系起来，让艺术作为一个媒介来发挥它的作用；第三，我们重新思考了创作方式：我们到底要在当地做非常好的艺术项目和艺术作品出来，还是说我们把个人的创作放在后面，首先通过我们的艺术活动来满足当地的需求？

在这个过程当中，一方面，很多民宿业主给我们反映，中国民宿业发展到了一定的阶段，特别是浙江地区，已经从资源导向型转向了品质导向型，很多民宿都是以自然资源为主要的卖点。很多人觉得到了莫干山地区，甚至其他的地区，除了看到在民宿里面比较有意思的建筑以外，看不到这个地区的文化内涵到底是什么。从外面来的人到底能不能留在当地？他对当地文化感受是什么？很多民宿业主自己提出了这些问题。他们不是作为知识分子或者是艺术家从学术上提出这些问题，而是从实实在在的生产当中提出了这些问题，看到了这些危机。

另一方面，当地的村民也提出了这个问题，说他们这个地方生活条件很好了，因为民宿很多，让他们可以有很多工作机会。但业余生活是非常单调的，除了去赚钱以外，其实没有什么事情可做，问我们能不能来帮他们做一些事情，比如说在城市里面可以享受的广场舞，我们到这里来，能不能教他们跳跳舞。过去的乡村一敲锣，一打鼓，大家马上就聚集在一起了，现在乡村其实是已经没有这种机制了，村民的公共生活其实是非常欠缺的。

村民本身也自发提出了这个问题，一方面说明他们除了有提高经济收入、提高生活水平的需求以外，说得大一点，可能还有精神的需求；另一方面，每个人都在寻找一种归属感，包括村民也是一样的，我们就提出了这样一个艺术方案，就是"乡村重塑 莫干山再行动"。在莫干山这个地方，民宿业主已经带动了经济，带动了中外城市和乡村之间的交流，我们无非是通过艺术的方式，尽量满足大家的需求。我们在艺术乡建的时候，始终是以需求为导向的，而不是以艺术家的个人创作为导向的，当然艺术家很重要，但这不是我们的出发点。所以我们提出了"再行动"的理念，将莫干山的乡村从自然的乡村变成人文的乡村，这是我们在这个过程中做的一些事情。

在这个过程当中，我们走访当地，还向村民调查。其实我们自己也从渠岩老师的案例里面学到了很多经验。上海的力量是不够的，所以我们和西南腹地的重庆以及四川美院做了一个计划，互相之间有一些交流和交换，我们到他们那边去，他们到我们这边来，同时邀请各大美院来到莫干山参加艺术乡建的活动。

艺术乡建的目的到底是什么？我们能做的是什么？我们做的这个效果到底怎么样？中间有很迷茫的阶段，到后来我就觉得可能我们需要更理性地看待艺术参与乡建的作用，而不是太盲目地去看，当然可能也不需要太悲观地去看。

非常重要的是，第一，艺术作为一种教育，特别是人文教育的手段和媒介，需要把当地各个不同的阶层联系在一起，我感觉艺术是可以做到这一点的，至少在莫干山地区。民宿业主和政府，还有村民，他们缺乏的就是这样一个平台，就是大家互相交流的平台，我觉得艺术家可以做到这一点，所以艺术家很重要。这就是我们的定位。

第二，就是要合力。很多人都在做艺术乡建，但大家缺乏一种合作和交流，我们觉得合作与交流是非常重要的。

第三，中国的乡村各个地方是不一样的，有些农村本身也是会自然消亡的。我们做乡村艺术建设这一块，我个人觉得不能忘记城市和乡村之间的关系。城镇化肯定是一个大的趋势，只是说我们怎么来用一种更好的方式，保持城市和乡村之间的平衡。

罗健敏：从历史观的角度看乡村建设

（国家一级注册建筑师，北京文化遗产保护中心理事长）

这次完全由学者、专家和艺术家聚在一起，专门研究乡村建设中的艺术建设问题的研讨会，我觉得非常好。而且大家谈的问题，我认为水平非常高，而且有先驱性。

我想谈一谈我的认识。我觉得历史发展是不平衡的，永远有的地方走在前面，有的地方走在后面。展览当中创造了非常精彩案例的几位艺术家，他们在乡村所做的事情，我认为特别有宣传普及的必要，但是，这些案例没有模仿的可能，很难复制。我不知道这个观点对不对，如果说错了，大家批判就可以了。我觉得各个地方有各个地方的特殊条件，有些地方真的很富裕，它能够创造出乡村的文明；有的地方虽然很穷，但是历史悠久，有丰富的历史遗存。但是几十年来我了解的大多数乡村，都是平平庸庸的，既穷，也没有历史；既没有多少物质财富，也没有什么文化的积淀，更谈不上中华文明的传承和发扬光大。这样的地方其实是比较多的，是大多数。这些地方最需要的，仍然是发展经济。不是说这些地方不需要艺术，更不能说农民都是愚昧的、落后的、无知的，这些"帽子"是城里人给人家扣上去的。中国的农民很聪明，也肯吃苦，对中华文明的形成与发展贡献很大。城市人要修改自己对乡村的评价和观点，特别是对农民的评价。

　　我1955年考进清华大学建筑系，跟随梁思成先生学了6年建筑，1961年毕业，到现在工作了57年，没有停过。梁先生和林先生发现佛光寺是在1937年，那个时候我才1岁。我虽然学的是建筑，但曾长时间在农村工作，长期在工厂工地工作，对工农大众的疾苦有很深的感受。现在我在做大凉山的扶贫规划，这些年来有过很多扶贫的说法或口号，例如美丽乡村、特色小镇、绿色综合体，等等。我最拥护的是最近提出的"乡村振兴"这个口号。我认为振兴大凉山的经济，让农民富起来，才是第一位的。这叫脱贫。现在悬崖村变得非常知名，这就出现一个问题，会不会到处都去模仿悬崖村啊？这个悬崖村确实非常特殊，没有可复制性，因为这个村在1400米的标高上，只有69户，200多人。上面标高2400米的地方可以走汽车，下面标高 520 米的地方也可以走汽车，但标高 1400 米的这个村什么路都修不上去。我去那里考察，确实没办法把路修上去。在这么一个悬崖上，孩子们只能爬藤梯去上学。后来村里修了钢管梯，但是还是什么路也修不上去。

全国这么多贫困县，完全修不上路的村还真少。如果我做的规划，变成一个典型去推广，到处复制，就错了。但是我还是要解决这样的问题，找到出路，即便那里是不宜居住的地方。所以我想，过后我会到各位专家那里去求教，请大家把你们的经验传授给我，因为你们都在各种不同环境下做了若干年的农村工作，特别是上升到艺术层面的工作，我觉得已经是非常高的高度了，很多乡村还远远没到谈艺术的时候。

我觉得这个会有一个特别重要的成绩和成就，就是我们在这个时代，在乡村建设这件事上是走在前面的。对于大凉山，基本问题还是农村经济发展问题，艺术乡村建设这个高度太高了。当然，我同意一定要有一些人先知先觉。梁先生、林先生 70 年前对北京城市建设的认识，就比现在还先进，这就是先知先觉。梁先生和费先生对农村问题和经济问题的研究，今天看来仍然是最高水平，这是先知先觉的。我觉得在座的朋友在农村建设、农村复兴、农村振兴这件事情上，是走在前列的。当代就需要这样一些先进的人走在前面，来带动社会，这一点我甚至觉得咱们可能比政府官员还走在前面。

我想起捷克著名的革命家，尤利乌斯·伏契克有一句话，他在德国监狱里面感化了狱卒，每天给他纸，他写出了《绞刑架下的报告》，并且让人帮他秘密传出了监狱。里面有一句名言，"生活里是没有观众的"，这句话让我从十几岁一直记到现在。我觉得在座的各位是有历史责任感的人，会用我们自己理解的先进的方式把振兴农村这件事情做好。我80岁了，我特别希望在座的各位，还有更年轻的各位，还有没有到这里的更多朋友，大家一起协力，把真正振兴农村这个历史性的任务担当好，拜托大家了。

张航：艺术机构在乡村建设中的作用

（宋庄树美术馆馆长）

宋庄树美术馆是比较特别的一个美术馆，大家听到宋庄艺术区就比较感兴趣。从某种意义上来说，中国宋庄就是一个非典型的艺术乡建项目。二十多年前，一群艺术家搬到了宋庄，当时宋庄就是一个乡村，是华北非常普通的一个乡村。艺术家们去的时候，不是为了做什么乡建，也不是肩负着社会责任，而是因为他们是一些游离者、边缘者。宋庄的偏远、安静，与北京这个大都市若即若离，某个阶段需要感受都市的脉搏时，或者需要远离都市的压力时，宋庄都是当时最好的选择，所以他们来到了宋庄，一待就是二十多年，艺术家来了一拨又一拨，成了全世界少有的艺术群落现象。

艺术机构往往追随艺术家的脚步，宋庄树美术馆也是因为这样来到了宋庄。艺术真的不是一个解决问题的东西，艺术家自己并没有意识到他们是为了做乡建来到乡村，只是在那个时间段，他们处在一种巨大的空白中，需要一个容纳他们的地方，所以他们去了乡村这种边缘地区。

我们现在看到的艺术乡建运动如火如荼，这是乡建时代性话题的一部分，而宋庄艺术区的艺术乡建，一开始其实是艺术家的一种自我放逐，或者他们就是为了找一个经济实惠、独立而安静地方。现阶段确实是宋庄艺术区一个很特别的时间段，因为北京市城市副中心要搬过来了，离宋庄只有几千米，对于宋庄艺术区来说，它的历史任务可能就结束了。宋庄艺术区现在成了北京市城市副中心配套的功能区，承载对外艺术文化交流的功能，二十多年积累的艺术家和艺术资源，都成了艺术小镇的基础材料。

下面我就讲一讲树美术馆。2018年我们在山西做了一个跟丝绸相关的展览。山西是中国丝绸的发源地之一，因为是炎帝的故里，所以这个地方丝绸确实是历史非常悠久。我们做了跟丝绸相关的展览，我们想去挖掘跟丝这个材料相关的可能性。

我们到了晋城的乡下，发现这个地方的乡村原来的农田是桑园，里面有很多老桑树，原来有十万亩，现在只有几千亩，农民都不太种桑了，砍掉了很多老桑树，因为价格卖不上去，收入不理想。

树美术馆是一个艺术推广机构，为了配合当地举办的海峡两岸暨香港澳门的炎帝祭祖大典，所以想到用丝绸装置来做一个展览，名叫"丝千年"。在做项目勘察过程当中，我们发现中国丝绸和乡村手工艺有很大的关系，当地还残存着包含了从种植桑树到养蚕，还有织、印、染等工艺的分工明确的手工业体系。这么好的一个乡村手工业体系，在中国北方基本上已经很少了，这个是北方仅存的丝绸生产基地，似乎轻轻述说丝绸千年的故事。

高平丝绸厂已经很古老了，最辉煌的时候就是在"文革"期间，织出了《毛主席去安源》这样的大型丝绸织锦。这个丝绸企业有着很重的农耕文化和工业文化交织的色彩。

我们清理出很简陋的厂房，和工人们一起把废弃的丝织设备重新构建成艺术装置，用丝的装置来模拟蚕蛹的状态，让大家进入"蚕蛹"的身体里面，去感受丝之光，感受蚕的生命状态，感受华夏祖先如何发现了蚕茧能抽成丝，而丝又是一种非常独特的材料。先民这种极具创新和探索精神的血脉已经深植到我们的血液之中。丝绸成了华夏文明中最早国际化的手工产品：没有丝，何来"丝绸之路"？

正是通过"丝"这种材料的溯源，通过以丝为载体设计创造形式多样的艺术作品，通过对空间、光影、声音等各种不同维度的重组构建，形成时间与空间、过去与未来、轻薄与厚重的种种冲突与对话，展览营造出一个具有多重体验的艺术氛围，找到华夏千年文明传承的多维度血脉与精神连接。搭建好了之后，大家去体验，真切感受到了丝是一种特别神奇的材料。

"丝千年"艺术项目当然非常符合当地政府的要求，在做这个艺术项目的过程之中，我们最切身的感受是：丝绸是中华农耕文明对世界文化的特别贡献，至今影响着人们的生活。但我们看到这个地方和茅盾先生在1932年写的《春蚕》一样，在过了这么多年后，其实中国的乡村还面临着这样的问题：中国乡村到底去向何处？中国乡村如何能够传承文化？

作为艺术策展机构，传统乡村的复苏和振兴是一个很庞大的体系，我们能够带来的仅仅是一个艺术的视角，我们自己感觉到特别无能为力。

种植桑树的人不愿意再种桑，养蚕的人也不愿意再养蚕，因为种桑养蚕要靠天吃饭，收益不大，一些从事这个行业的人，只是因为一些产业惯性去做。我想，艺术机构和艺术家参与乡建，并不能真正解决问题，也不可能做到真正的乡建和乡村文化复兴，也许只是提供了一个艺术的角度和文化的看法。在社会发展到人们开始关注生活、关注文化的时间段里，艺术家有了乡建这么一个具有亮点的机会，把乡村作为载体让他们展现自己的艺术看法和观念，因为对于城市，艺术家是最具无力感的，要不然他们也不会跑到乡村里去了。所以我觉得乡建这个话题，是中国发展到解决温饱问题后一个很特别的亮点，毕竟中国具备几千年的农耕体系，乡建和乡村文化振兴是绕不过去的话题。

张玉梅：媒体视角下的艺术乡村建设

（光明日报社）

我仔细听了多位老师的汇报交流之后，很受触动，这次论坛，其实是乡建精英们的脑力振荡的磁场，给大家提供了很多思考的新起点。

《光明日报》这几年一直在关注这个话题，我们在设计乡建栏目名称的时候，有几个备选项："设计出发""设计下乡""设计实践"。"下乡"好像有点高高在上的感觉，"出发"好像只是一个起点，后来我们定为"艺术实践"，我们选取的这些项目，都是在乡村建设实践中有突出特点的案例。

我介绍一下我们关注到的一些案例。浙江临安的太阳公社，它比较突出的地域特点是竹子多，设计师陈浩如带领村民恢复当地的竹构工艺，比如说搭建的猪舍和鸡舍，是用当地的竹子作为主要的架构材料。传统手工艺和当地原材料的结合，极大地节省了建造的成本，用在地营造的观念和方式，衔接了现代生活和乡村传统，回归传统自然农业的健康模式，重塑了农业的聚落，重建生产和生活的理念与信心。这些掌握竹构工艺的农民，在中国美院的一个展览中，现场搭建了一个凉亭。农闲的时候，他们可以做一些竹匠的活，这样可以让竹构工艺得以传承。

在乡建链条中扣进艺术一环，设计师和建筑师乡建的时候会遇到一个问题，欧阳老师也提到了这个问题：我们在具体实践过程中，艺术在乡村振兴中起到了什么作用？回答这个问题不能单维度从艺术到艺术、从设计到设计来审视它的价值和意义。它在乡村文明建设整体设计中间做得比较突出，第一是关于文脉的梳理，第二是区域数据的调研，第三是问题的诊断，第四是定位与策划，第五是方案的制订。其中，问题的诊断需要多个专业进场，不是艺术家能够单独完成的项目。

运用大数据分析，诊断乡村存在的问题，并探讨解决方案，不仅需要艺术家，也需要社科专家等其他领域专家的参与。好看固然重要，但是设计的落脚点还是要解决问题，尤其是乡村建设中的一系列问题。

中央美院何崴教授做的几个案例，"上坪古村复兴计划""别苑：大别山露营公园服务中心"等，比较突出的特点在于其中的建筑，他认为好的建筑是村庄里的"酵母"，他把建筑当成乡村改造中的"针灸术"，他说好的乡建应该具备五个要素：有得玩，能坐下来，能住一晚，带得走，可以晒。他说得比较通俗，就是整个设计要以点带面，带动全村的活力和振兴。里面有几个观点非常有特色，比如建筑活着比好看重要，设计要给村庄带来流量，带来流量要吸引更多的游客过来，然后要给人留下来的理由。

中国美院卓旻教授给我们提供的一些方案，在实施过程中也遇到了很多困难，也有很多思考，其中一点就是让乡土的归乡土。他在整个推行过程中碰到的问题是，什么程度的艺术介入是恰当的？盖几所房子能否解决乡村的问题？如果乡村建设只停留在一个艺术概念的层面，是缺乏生命力的，从伦理角度而言，也是有缺陷的。

新时代的乡建固然是要创新，但更重要的是要真正了解中国乡村的过去和现在，了解村民的切身感受，通过文化复兴来振兴乡村，务必要牢记的是对于绝大多数村民而言，乡村不是宾馆，而是祖祖辈辈相传、朝夕相处的家园。

我们很多乡建的出发点不清晰，建了很多民宿，但是不是所有的乡村设计都要盖这种民宿，这是值得大家探讨的问题。建了民宿以后，除了民宿以外的经济手段，都没有民宿来得那么快，但民宿是纯消耗性的。是不是在乡建过程中，把所有乡建设计都搭成民宿？太阳村的乡村建设就没有建民宿，当地用封闭的自然环境，生产了很多蔬菜和肉类去供给杭州，完全形成了一个生态系统的有机闭合运行。

"让建筑融入乡土文脉"，这是南京大学的王铠副研究员做的浙江桐庐的"莪山实践"理念。这个项目把地域性这个问题提出来了，大家做项目的时候，提了很多关于地域性的概念点。地域性被反复提及，有的情况下成了一个装饰品，博物馆式的消极保护，旅游经济促销产品的包装，不断消磨了地域政治文化内在的整体活力。真正属于乡村自己的建筑文化传统，在于以没有建筑师的建筑为主体的乡土聚落，有机整体的城乡关系，以及持续数千年基于文化自觉的地域性。浙江桐庐一带是非常有代表性的。

对于进入乡村的建筑师、艺术家而言，"特色"和"爆款"固然吸引人，但是大多数的农村无特别的自然资源，也无突出的人文遗产，如何在这些"普通"的村子做乡建？设计师房木生带领团队做的建筑有点其貌不扬，但也许更具有普遍意义。他们把建筑作为引燃乡村活力的"火塘"，把美育融入建筑点滴中，从而达到用艺术设计为乡村振兴贡献力量的愿景。这个建筑做得并不漂亮，但把写生和各种热衷于艺术的人带到这个乡村，有一定的参考性。

香港大学林君翰副教授做的几栋建筑也很典型，他的很多看法是非常好的，比如生活跟建筑一起改变，当我们意识到如何以传统的建筑去适应今天的生活方式时，我们受到了非常大的启发和鼓舞。很多老师说乡村就是应该保护，保护，再保护，但是怎么保护，不是提到口头上的问题。如果你要生活在这个乡村，这个乡村不发达，条件不好的时候，你愿意留在乡村吗？实际上他们实施的都是城市策略，城市化是无法避免的，他们没有保留乡村现有的模样，而是帮助乡村转型。基于因地制宜的思路，他把当地的建筑重新进行了整合。作为建筑师，整个建筑的过程不是他关注的，但是建筑的结果让乡村的社区可以重新凝聚在一起。建筑师没有回答怎么保护农村传统的价值，但是让传统的价值和现在的价值衔接了起来。

寻找土地中内生的智慧，这是湖南大学设计艺术学院季铁教授做的一个项目理念，这个项目的突出点就是文化产业整体对农村的带动，做得非常突出。近10年来，15个国家，400多名师生与村民共同探索地方文化资源转化为产业价值的路径。他们与地方政府、企业、当地居民实现了良好的创新互动，积累了丰富的地域文化研究与乡村振兴实践经验，这种展开是非常有活性的。

视野所限，我们关注的点还不够全面，我们也希望不断发现更新的案例，为乡建提供新的思考点。中国有太多乡村，太多农民需要关注，需要帮助。我们的建筑师和设计师太少了，我们也希望寻找一些普世性的经验，这些经验能够拿到乡村去借鉴，去帮助他们开发。这也需要各位建筑师、专家努力去寻找，去实践，然后提供给我们，我们把它报道出来，能够帮助到更多的乡村和农民，这也是我们不变的初衷。

陈向宏：乌镇和古北水镇的建设经验

（乌镇旅游股份有限公司总裁、北京古北水镇旅游有限公司总裁）

各位老师，上午好。我通过偶然机会受到邀请，参加此次艺术介入乡村建设论坛，刚才听了几位老师演讲以后，我深有感触。

我是 1999 年回到我的故乡乌镇，从一穷二白开始筹备的，到今年（2019 年）刚好 20 年，今日的乌镇是在我手中做起来的。20 年间，我的身份是复杂的，我自己做规划，公司所有在做的项目都是我自己规划的，因为其他规划设计师不能表达出我要的东西。我做设计，也是企业的老总，同时我还要考虑每个项目资金的筹备。在我的职业生涯中，下海之前，我担任过两个乡镇的党委书记，中国最基层乡镇的党委书记。乡建也好，乡愁也好，现在都被作为一个口号，很多人都在做各种文章。我个人认为：具体到中国某一个乡镇、某一个乡村，它不是孤立的存在。我们今天坐在这里讨论，不是一个艺术家、一个建筑师，或者一个规划师从自己的学术层面来解读乡建这个样板，更应该是从一种系统的观点出发，它可能是一种制度的设计，它可能是一种系统资源的再分配，它可能是一个乡村重新起步的内核动力的一种重新塑造。

我们决策者也好，操盘手也罢，现在做每一个项目，说到底是一种价值观的重新选择，有什么样的价值观，就会做出什么样的项目。今天这些都是概念化的，一上来就做中国第一文化节、旅游节。而我认为我们应该讨论所在的乡村，怎么在传统与现代之间搭建一个桥梁，让它重新上路，让它和周边的老百姓都从中获益，让它再次焕发生机与活力。

乌镇发展经历了三个阶段：第一个阶段是1999年到2003年旅游发展的观光阶段，从默默无闻零游客到年游客量突破了100万多人次。第二个阶段是2003年到2010年从观光旅游到度假旅游，那时周庄发展比乌镇早了十年，挂上了红灯笼，已经成为中国古镇的名片、文化振兴的"发令枪"了。2004年我们开始提出一个口号，"一样的古镇，不一样的乌镇"，我们想做度假旅游，想做历史街区的再利用。我觉得生产力和生产关系都变了，你们幻想的在原来的古镇里面看到专家或者文化艺术工作者认为美的镜头，却未必适合当代人的生活。我爷爷奶奶、爸爸都是乌镇人，我从小生活在乌镇，那时我们唯一的交通是水路。你们现在看到河边淘米，感慨这是一个很美的景，但试想一下，如果在现实中也这样过生活，你们能做到这一点吗？不能，所以必须找到一个重新发展的路子。第三个阶段，2010年后我们做文化乌镇，左边是乌镇大剧院，右边是木心美术馆。从2013年开始我们做乌镇戏剧节，今年是第七届了，每年国家话剧院和人艺都会组团参观乌镇戏剧节。很多人了解乌镇戏剧节，也有很多艺术家与媒体都对乌镇戏剧节作出了肯定的评价。在第五届乌镇戏剧节上，只身前来的法国阿维尼翁戏剧节OFF单元组委会主席皮埃尔·贝菲特接受《新京报》采访评价说："在这里感觉整个乌镇都沉浸在戏剧节当中。这一点跟阿维尼翁戏剧节很像，乌镇戏剧节做得非常专业。"在去年（2018年）的第六届乌镇戏剧节，美国全国广播公司（NBC）发文称："相比于法国阿维尼翁戏剧节、英国爱丁堡艺术节，年轻的乌镇戏剧节正在快速成长。"乌镇以前只有越剧，却用七年的时间把乌镇戏剧节从无做到有。

木心美术馆由陈丹青担任馆长，去年与英国国家艺术基金合作，做了一个波斯的文献展，它每年都在做流动展与专业展。2016年开始，我们做第一届乌镇国际当代艺术邀请展，请了国内外知名的当代艺术家。第一届的作品《浮鱼》是由大黄鸭创作者佛罗伦泰因·霍夫曼专为乌镇定制的。今年3月31日至6月30日要开始第二届乌镇国际当代艺术邀请展，今年的《双眩》是安尼施·卡普尔的作品，这个作品充分诠释了他的艺术创作理念，在乌镇西栅景区的露天电影院，在声音的中央，放了两块高抛光度的反射板，很奇妙，特别好看。

2010年我开始做北京古北水镇，带了5000位浙江人，从2010年做到2014年，所有的规划、建筑都是我们团队自己完成的，远处背景是司马台长城。古北水镇这个项目与保护乡村没有什么关系，这是一个纯粹的旅游景区项目，但是我觉得这个项目也很好，最开始去的时候，这里的原司马台村居民有500户，房屋是铁皮搭成的，村民年人均收入只有900~4000元，现在这里则是北京收入最高的乡村之一，年人均收入达到了4万至7万元。

我现在在贵州做一个旅游扶贫项目，其中我在一块很普通的麦田上做了一个麦田剧场，这个项目预计今年年底开放。

今天就分享这些给大家，谢谢！

朱利峰：以手工艺振兴修复乡村文化生态

（中华女子学院副教授）

我这个选题是尝试做艺术乡建的策略与方法的探讨，是以手工艺振兴来修复乡村文化生态作为一个例子。我举几个自己实践中的例子，因为我在面对不同主体的时候，采取了不同的方式。我的研究课题主要是做乡村女性的手工艺产业扶贫，那么在这个过程中，其实这几年也有一点自己的思考，比较粗浅。

乡建新时代实际上是需要修复文化生态的，从中华人民共和国成立以来，我们前面经历过三次乡村振兴：实行"耕者有其田"政策的土地改革，家庭联产承包责任制的改革，乡镇企业的发展。这三次的振兴，都对乡村产生了很大的影响。经济发展的同时，其实造成了不良的后果，牺牲的是自然生态环境，也造成了农村的千村一面，民间传统习俗和非遗陷入传承危机，文化多样性快速消失的这样一个局面。

随着乡村旅游的升温，生态环境供给和独特的文化资源服务，也正在成为中国乡村振兴的供给侧改革新趋势，我们特别要提出的是一个生态文明的理念。生态文明实际上是一种超越传统工业革命，以多样性为内涵，人类自觉回归自然的文明形态，是传统村落最宝贵的文化传承，我一直认为乡村其实就是自然生态和文化生态的结合体。

但是我们现在看国内很多舆论或者是导向，更多还是在谈论乡村的生态环境，忽略文化生态这个要素。我们提出来传统村落的保护利用和资源转化，以及生态文明的重建，需要基于系统化的策略方法论和因地制宜循序渐进的新手段。我整理了一个大概的路线，第一步是从整体发展战略定位；第二步是自然生态的修复涵养和文化生态的保护与传承；第三步才是环境景观整体改造提升，往往这一块才是我们真正进入乡村的总规和一些规划的过程，包括自然景观和文化主题的挖掘呈现，还有品牌策划营销；第四步是产业运营管理和文创产品的设计研发。在艺术学院，我们主要是从事设计工作，很多具体的设计工作都是在乡村里面做的，最末端的就是文创产品的设计研发。无论是从哪一个角度去做，在这个路径里面的每一个角度去切入，其实都应该有一个整体的发展战略思维。

基于以前我自己的一些实践，我觉得手工艺其实是一个非常生态环保的途径，对于产业、人才、文化和组织都能起到很好的桥梁作用。

根据我的经验，我提出来乡村艺术创新的六步法，就是学习、互动、创新、培训、生产和推广。第一是学习，渠岩老师提出来做乡建要保持学徒般的谦卑，不管是老师也好，学生也好，还是做乡建的艺术家也好，我们进入乡村的时候，真的是要谦卑地向农民去学习他们生态的智慧。第二，在这里面我们通过田野调查，资源的归集整理，然后进行主题元素的挖掘提取，跟村民和乡土工作者进行互动。第三，再去进行文案策划，经过解构、重构和设计呈现，来进行创新转化。第四，在这之后还要对乡村的手艺人进行培训，有的时候其实也是在培训我们自己，这个时候是一个城乡融合的过程。第五，是在地的制造和生产。第六，通过品牌和知识产权的保护进行市场营销。

后面我举三个例子。"原源境"是我的研究团队构建的一个品牌，我们对贵州黔东南台江和榕江这几个地方进行手工艺挖掘，主要针对当地的银饰、蜡染、刺绣，做了一些产品的研发，然后也在服饰和新的图案方面进行研发，还跟唯品会和妈妈制造合作，在唯品会平台进行销售。

有一款蓝染套装的产品是我带着学生做的大创项目。学生团队受到女生的面膜启发，想出对植物染料进行处理的方法，将靛蓝泥和发酵助剂分别放入独立的便携式包装，使用前将两种不同的注剂混合进行发酵，解决了植物染料发酵过程复杂和不容易携带的问题。此外，我们还通过国家民委和北京工业设计促进中心对接了少数民族手工艺企业的帮扶项目，然后对吉林的鼎润文化这个项目进行了一对一的帮扶，包括项目对接和研讨、项目诊断、策略定位。我们首先研究他们的常规产品，这些产品基本上都是政府礼物，还有就是旅游纪念品。其次，通过研讨和定位之后，又进行新产品的研发，比如我们研究大众消费市场后，针对中国和外国不同的消费层研发了星座和生肖主题的产品。再比如，今年（2019年）世界园艺博览会的主题，我们根据国际上各大城市的市花，合作研发了一系列产品包装。

还有的艺术乡建是以在地品牌来修复乡村生态文化的多样性，里面涉及一些具体的操作步骤，比如台湾的"掌生谷粒"这个品牌的案例，是开拓在地的品牌来复兴乡村文化根脉。还有孙君的"绿十字"，挖掘黔东南排扎村的自然景观和文化景观，把它们融在一起，设计当地的一些品牌和产品。

还有以手工艺体验来修复传统文化生态，这方面我一直带着大创项目在做，2018年7月份在北京房山周口店做了一系列策划，认识了他们的村书记。这个村子跟平常的村子不太一样，它是一个以石板屋顶为特色的村庄，没有什么手工艺，这里村民很自信，搞旅游搞了十几年了，他们很富裕，有姥姥家民宿和坡峰岭景区。但这个村在文化上是缺失的，他们的村书记先知先觉，跟我碰到一起的时候，就想到用手工艺来振兴他们的村庄文化，我们也是一拍即合。首先是公共文化场所的提供；其次是文化品牌的打造、生活方式的改变，包括特色文化用品、生活用品，都进行了一系列的梳理和创作；最后，当地最著名的就是民宿，所以我们根据民宿又进行了一些分析，并与全国妇联共同编写了乡村民宿管家的培训教材。

通过这么长时间的实践，我们也提出了文化生态修复的三原则：第一，要帮助乡村实现自我造血；第二，不抢农民的饭碗；第三，尽可能使用乡土材料，在地制造。不管是艺术家还是设计师，在介入乡建过程中，不要用力过猛，要控制好自己的力量、力度和节奏，要充分地学习当地的文化和知识。

评议与讨论

方李莉：朱利峰先生谈到手工艺振兴乡村，他用自己的案例来说明用现代的设计去激活当地传统手工艺是可行的。其实传统手工艺会消失，但也是可以复兴的，为什么可以复兴？我认为，在农业时代，人类文化的建构是建立在人与自然互动的基础上的，因此，其文化受制于自然环境，离开了这个自然环境，这套文化就不存在了，可以说，这套文化是为这套自然环境来预设的。文化多样性是建立在自然环境多样性基础上的。到了工业化时期，人类制造文化不再依靠自然，而是依靠人工制品，通过机械化的、标准化的、一体化的人工制品，建构了一个统一性的人工环境，这样，就把地方的多样性去掉了。在后工业时代，人们又提出了"再地方化"的口号，这种"再地方化"的文化生产方式是在传统基础上的再建构。朱利峰教授做的这个案例,用设计去激活当地的文化,实际上也在传统的基础上再造新的文化。所以,今后的文化还会是多样性的,但其不再是从自然环境中来,而是从原有的文化历史中来的。所以我提出了一个人文资源的概念,在农业文明时期和工业文明时期是没有这样的概念的,因为在那样时代的文化再生产主要依靠的还是自然资源,而人文资源是要经济发展达到一定高度,整个世界都已经被人文化了才会出现的概念。

在人类学中有一本很重要的书,那就是《地方性知识》,在书中作者格尔茨指出,没有任何一个体系可以包罗万象,也没有放之四海而皆准的真理,所有的知识都是来自不同的地方。而现在的艺术概论和艺术理论都是来自西方,我们是否有能力建立一套中国的艺术理论体系?我觉得要做到这一点,需要有大量的艺术人类学家去实地做田野调查,去记录中国不同地域的艺术民族志,也就是说,中国艺术理论体系的建立是要建立在大量田野材料的基础上。因此,通过投入艺术乡建的研究,艺术人类学的学者也可以做一些这样的实践与理论建构工作。

有关艺术乡建的工作,政府支持很重要,但根据市场的需要自己生长出来更重要,798艺术区、宋庄、景德镇、宜兴等,这些以艺术和手艺为基础发展出来的新的城市空间和文化产业都是自己生长出来的。还有如以银器手工艺著称的云南新华村,以风筝著称的潍坊,以泥塑著称的凤翔等以手艺发展出来的乡村,也都是由当地村民自发地发展出来的。自发发展出来的往往是因为有市场有接受对象,而且充分地发挥了自己的地域优势。包括这次展出的三个项目,也不是政府的项目,是艺术家和村民们互动的成果,当然,他们的工作最后被政府关注并得到了政府的支持，这也是非常好的。

艺术乡建是一个值得探讨的问题，我们举办这次活动的初衷也是希望通过展览和研讨，放大我们的观点和声音。艺术家的能力是能把观念形象化、可视化，易引起更多人的关注。改革开放40多年来，中国经济得到了快速的发展，成绩很大了。但如果在这样的过程中乡村衰败了，被毁灭了，我们的损失就太大了。因此，我们现在的任务不是把乡村变成城市，反而要逆城市化，让乡村来拯救城市，因为城市病已经出现了，人满为患了。而且几乎所有的城市景观都一样，只有乡村还存在多元的文化因素和自然景观，这是我们还拥有的财富，一定要保护好和利用好这些珍贵的资源。

王建民：刚才各位的发言令我深受启发。我简短地来说一下，赵旭东教授的发言给我们以启发，他用一个网络，讲了十个字，然后又派生出更多的想法，其实这对于我们去思考概念和理念的关系，是一个很好的思路。这种概念的交叉实际上产生了更多的想象、更多的意义。特别是经过我们挑选的词汇，在中国语言里面派生出来这样想象的无限可能性。大家也可以尝试其他的词，也许可以长出来很多东西。

金江波教授的讨论，特别讲到了集体的介入。艺术乡建将来能不能够集体介入？其实个体和群体的介入，也许在我们当下都有实践，很多艺术家做的时候是用一个团队来做的，目前我们看到的也有很多都是团队作战。当然这个时候其实无论个体还是群体，这里面我还是强调主体，不管是个体还是群体，必须尊重主体。

上海大学上海美术学院欧阳老师讲的这个案例，特别提到了目的和效果。艺术乡建的目的到底是什么？我们到底要的是什么样的效果？包括我们讨论艺术的时候也谈艺术的效果，艺术的效果实际上牵扯到我们的艺术观和审美观，更重要的是和我们的价值观、伦理观联系在一起，或者和我们的宇宙观联系在一起，和我们怎么样看我们面对的这个社会、我们所在的土地联系在一起。说到土地，张玉梅的发言，就是讲到土地的问题。讲到土地的问题，就一定牵扯到土地和人的关系，一定牵扯到人。人对土地的认识，人对土地的经营，使得今天留下了各种各样的乡村，当然包括城镇，也包括古迹的景观。那么就讲到了陈总的报告，有很多的企业介入，特别是古迹旅游开发过程里面，怎么去调动一种在地化的地方资源，可能是一个很重要的切入点。

张航老师是从一个艺术家自身的参与来谈的，他讲得很实在，艺术乡村建设在很大程度上，就是艺术家要寻找一个自我放纵之地，当然放纵的过程恰恰是他们艺术的想象实现的过程。我想今天的讨论，能够让我们进一步去思考艺术和乡村建设的关系。

金江波： 于长江老师提出的艺术乡建的关键词非常重要，掷地有声地引出了很多问题：在乡建当中究竟谁是受益的主体？我们为什么乡建？是为了实现艺术家的梦想，还是实现政府社会转型的战略构图，甚至是为了开发某些经商者看到的文化和旅游融合的商业空间？他提出来要紧紧围绕着村民进行艺术乡建。艺术是介入，那么艺术和建设之间的关系是什么？如果说艺术介入乡村建设，艺术家是主导的，那么艺术家就会用他自己的精神判断来做乡村实践。所以要把乡村重建、乡村营建等乡村的话题回归到村民，让村民们评判它，让村民认可艺术和乡村之间的关系，启迪村民用他们自身的创造力，发展他们乡村的文化和乡村的生活方式。

我们从三个案例当中可以看到，艺术乡建很多时候是艺术先过来，然后在过程当中艺术家用各种各样的展览、表演，让村民慢慢消解"你来干吗"的疑问。所以他提出来，让乡村在不断地被介入、不断地被解读，以及不断地被注入新的方式的过程当中，回归到村民手中，让他们的天地与乡村伦理、乡村价值体系、乡村生产方式、乡村生活方式、乡村生态关系都能找到一个切合点之后，再让艺术家介入。

杨晓华： 各位老师，下午好！今天下午会议最后一大部分分为两个板块，一个是圆桌讨论和对话；一个是最后的闭幕式。连续两天开会，大家多少有点累，但是我觉得这一场思想的盛宴，回忆起来还是会回味无穷的。

无论是展览环节，还是讨论环节，大家确实都是有备而来，而且对这一项涉及改变中国乡村面貌的社会变动，大家从感性和理性方面，都给予了充分的关注和热情的推动。

今天下午有几位老师来参与讨论与对话，分别是山东工艺美术学院的荣树云老师，中华女子学院的朱利峰老师，贵州大学美术学院的黄桂娥老师，方李莉老师和于长江院长担任评议人。

山东工艺美术学院的荣树云老师的发言尽管很简短，但是讲得很好。荣老师是方老师的高徒，经过非常规范的人类学的训练，从2015年到现在连续几年，持续关注这么一个村落，难能可贵。当然，他自己也提出了质疑：这是不是一个真正的村落？中国的传统文化，尤其是作为传统文化典型的这种手工艺，其生命力何在？现在，我们关注当下，关注当下艺术家对乡村建设的参与。其实，在中华文化几千年历史上，这种艺术的视角始终就没有离开乡村，生产年画的村落，其实是一个非常典型的传统文化样态。我觉得对这样一个传统文化最具典型代表的村落样本，提出当代质疑，非常有理论价值。

中华女子学院的朱利峰老师在一个很宏观的政策框架之内，定位乡村艺术创新的六个实践路径，然后举了几个生动鲜活的案例，给我们诸多启发。

两位老师，一个专注于对过去时间形成和积累变化中间的生态的追问和质疑，一个面向未来的转化和开发，都是从艺术的角度去观察，但思维方式和实践方式很不一样，发人深省。

贵州大学美术学院的黄桂娥教授的发言令人印象深刻。我之前在高校工作的时候，去贵州比较多，对贵州有一个特别的印象：全国这么多省份，贵州是唯一可以称得上神奇的地方。现在，最先进的高科技和最原生态、多样性的民族文化，融为一体，处于贵州的社会生活中，这本身就很传奇。

黄老师既是一位认真的实践者，同时也是思考者，她还倾注了大量的情感，写成报告文学。她提出了新建筑引领新精神、艺术参与乡村建设就是乡村和城市的连接、台江是人类学研究的富矿等观点，很有启发性，也比较接地气。

几位年轻的老师，都做了各有特色的发言。我们这个板块，主要是青年学者发言，方老师倡导的这样一个艺术介入乡村建设和艺术介入城乡建设的论坛，我们做了三届，从北戴河到宋庄，到现在，鼓励大家打开胸怀，扶持后进，无论是方老师、于长江老师、邢莉老师、罗健敏老师，还是梁先生和张先生都是如此。我们的青年学者应该感到欣慰，不是后浪推前浪，而是后浪跟着前浪，一块往最艰难的岸边不断地拍去，这是我们期待的一个文化景观。

于长江老师和方李莉老师的评议让我们深受启发，我们也能深刻感受到深沉热烈的社会关怀和敏锐深邃的学术观察可以集于一身。

昨天我沿着展览的长廊一直走到头，直观地感受这个空间打开了之后，给人的震撼比较大。左靖的案例其实是一种文化生态的修复，做了序列化的文化生态修复工作。渠岩的案例是一种精神的重张。但是我觉得对我产生撞击感的，可能是石节子这个项目，靳勒把艺术家的宗教感，用到了对自己生存的那种贫瘠得可以说几乎一无所有的土地的审美观照，这种观照最终观照的是人的力量，人的创造的力量、情感的力量、想象的力量，改变自己命运的一个群体的勇气。如果要讲文化生产的成果，这种文化遗产的积累，简直是一个完全可以忽略的地方，但是我觉得当一个艺术家用这种宗教式的情怀，去照亮这一片土地，它给你的撞击是很强烈的。我自己是在乡土世界长大的，也经历过类似的贫瘠。但是这一切放在艺术馆，被这么多的受过现代文明训练陶冶的人络绎不绝去观看，甚至流着泪去感受的时候，反过来对我是一种撞击，这里面有一种宗教般的解放和敞开的力量，这就是艺术和艺术家的魅力所在。

论坛总结

方李莉：在中国艺术研究院韩子勇院长和王福州副院长的大力支持，以及各位艺术家和学者们的热情参与及认真讨论下，这次活动圆满地结束。下面是我对这次活动的一个总结。对于我来讲，每次学术活动都是一次很好的学习机会，同样在这一次的展览和学术活动中我真的是学习到了很多知识。

在这次活动中，我们一共展出了三个项目：渠岩教授执导的从"许村到青田"，左靖教授执导的"作为'遗产'的景迈山"，靳勒教授执导的"石节子美术馆"三个艺术乡建项目。本次活动举办了为期两天的研讨会，请来了来自北京大学、中国人民大学、中央党校、北京师范大学等高校的学者。为了将这次活动与民国的乡村建设联系在一起，我还请来了费孝通先生的外孙张喆先生，还有梁漱溟先生的孙子梁钦宁先生，另外参加研讨会的许多学者都是费孝通先生的学生，在这里我们看到了学术的延续性。

梁漱溟先生所说的"乡村建设，实非建设乡村，而意在整个中国社会之建设，可云一种建国运动"，还有费孝通先生所说的"中国……正在走一条现代化的路，不是学外国，而要自己找出来"，如果说在工业文明时代梁漱溟和费孝通两位先生的主张难以得到实现，那么在工业文明已经得到高度的发展，同时又遇到了发展瓶颈的今天，他们的主张值得我们深思，同时，这也未尝不是一条我们今后要走的道路。

另外，我们这个时代的乡村建设，因为社会背景不一样，所持的态度就不一样。如民国时期的知识分子，他们介入乡村重建，本意是拯救，多少有点居高临下的救世主心态，在这样的心态下，就很难注意到农民自身的生活体会和创造力。当时晏阳初就认为，中国农民所患的是"贫、愚、弱、私"四大病，他去做乡村建设就是要去治这四种病。矛盾的是，这些农民曾是中国文化的创造者，他们是为何失去这种创造精神的？这是居高临下的知识分子缺少探讨的，他们说是与农民打成一片，但事实上并没有去真正了解农民的内心世界，没有站在他们的角度去思考他们的问题。所以，当时梁漱溟先生看到的是，"号称乡村运动而乡村不动"，乡村建设的目标之一是唤醒农民自觉，但农民对乡村建设漠不关心，仿佛与自己无关，只是乡外的人在那里瞎嚷嚷。故此，这样的乡村建设也就以失败而告终了。

今天的社会背景发生了巨大的变化，通过改革开放40多年，中国的城市发展起来了，中国的经济也发展起来了，人们要去振兴乡村，不仅仅是为了经济，也不仅仅是要过富裕的生活，而是要重新认识乡村，复兴和发掘乡村的文化传统。本着这样的态度到乡村去，就不是去居高临下地拯救乡村，教育农民，而是在帮助农民重新认识乡村价值的同时，自己也在认识中得到学习和提高。

当时我选择渠岩教授的项目来参加展览，就是因为他的一句话打动了我，他说我们在乡村建设中，重估乡村价值，重建乡村价值。他告诉我们的是，乡村的文化是有价值的、有意义的。但是在一百多年的现代化进程中，乡村被认为是没有价值的，农民被认为是愚蠢的，是没有文化的，是被别人耻笑的土得掉渣的人。而在新的一轮乡村建设中，我们首先就是要转变这种想法，要重新认识农民和重新认识农民的传统文化。

在讨论中有一位学者问道：艺术家到乡下去是以什么样的身份去的？在艺术家的眼里乡村是什么？是可以由自己主观改造的对象，还是可以主观自我表现的艺术作品？我认为这个问题提得好，有的艺术评论家，甚至认为艺术家到乡村去，不是去参加乡村的建设，而是把乡村作为艺术表达的对象来呈现。我觉得这样的观点是值得切磋的，要切磋这个问题需要回到艺术的原点，即艺术是什么，艺术可以成为什么。因此，当下的艺术乡建，我们不仅要通过艺术来重估乡村价值和重建乡村价值，同时也要重估艺术价值，重建艺术价值，甚至还需要来一次艺术自觉，重新讨论艺术到底是干什么的，我觉得这个太重要了。在许多人的概念中，艺术家就是画画、跳舞和唱歌，但事实上他们跟社会的变革是有密切关系的，每次社会的变革都是从艺术概念和表现形式的变革开始的。所以，我认为，艺术家最重要的任务是给人类提出一个新的观看社会的方式，观看世界的方式，当然这是需要进一步讨论的问题。

人类的文化正在构成一个新的不同于工业化时代的生态形式，在工业革命时期，文化多样性是被破坏的，被覆盖的。批量化的生产，造成了生活方式的趋同化，人文景观的千篇一律化，但我们今天正在打破这一格局。艺术追求的是独特性，因此艺术乡建的根本在于追求地域性的个性特点，而不是追求统一的模式。虽然没有模式，但是有立场，有观点，我们今天讨论的是观点、立场和方法，有了观点、立场和方法，你可以自己建模式。费先生曾讲，中国现代化道路是要用自己的脚走出来的，而每个地域的乡村建设也都需要自己去探索，根据具体的条件去建构。

有人认为，人类学家是一群站在地上研究具体问题的人，而哲学家是仰望星空思考更宏大问题的人。但我认为，不仰望星空的人类学家是没有洞见的，没有前瞻性的人不会成为一个优秀的人类学家；同样，不脚踏实地去做考察，去了解社会事实的人类学家，也不会成为优秀的人类学家，因为他缺乏对社会真实性的了解，所建构的理论是空洞无力的。所以，我提倡我们要站在地上仰望星空，要做一个有哲学思考、有人文关怀的人类学者。

人之所以有别于动物，是因为动物是本能地活着，而人是文化地活着，人离开了文化，离开符号，几乎不能生存，所谓的符号就是我们的书本，我们的概念，我们的历史，我们的语言符号，我们的艺术符号等，也就是说，人是文化地来确定自己的行为，同时来认识世界的。这一切的源头在于人有想象力，人会讲故事，从讲神的故事开始，建构了部落文化，建立了共同信仰的神，并把自己的生活神圣化，在神圣化中构建了部落，甚至构建了城市与国家。

西方人的古典艺术，主要是再现生活的人，再现自然的人，在那样的时代人类主要是用艺术来讲故事，所以，欧洲的古典艺术大都是在讲故事，讲宗教故事，讲贵族生活的故事。工业化时代打破了这些发展的模式，在新的时代人类丢弃了故事，丢弃了宗教，破除了神圣化的世界，以摧枯拉朽的现代科技力量，覆盖了多元性的传统文化。但到了后现代主义时代，人类开始重找新的神圣化、新的文化性，工业革命强调的生产效益创造了一个物质丰裕的时代，但自然环境的被破坏，引起了人们对物质主义的反思。于是人类开始进入了一个追求意义和文化价值的新时代。我们今天所做的艺术乡建就是这样一个新时代的产物。包括由艺术激活的传统手工艺，其之所以受到关注，就在于许多地方性的手工艺品是具有象征意义的，而且具有环保价值，因为其和批量化的工业产品不一样，是独特的，是具有纪念意义的，你舍不得扔掉，你的儿子也不会扔掉，他会说这是我爸爸用的，你的孙子也不会扔掉，他也会说这是我爷爷用过的。表面看起来手工是慢了，减少了生产量，但也减少了垃圾，减少了自然资源的浪费，而且具有文化的象征意义。因此，我一直主张艺术家进入乡村不仅要激活乡村的传统文化、民俗文化，还应该激活其传统的手工艺产业，并将其转化为文化产业和旅游业，并与生态农业及其他农副业一起为乡村建设服务，我的一个重要看法是，没有产业的支撑，乡村建设是很难持续的。

以前我们认为人类学者的研究是不断溯源，不断回到文化出发的原点去发问，所做的工作是为人类的发展打后视镜的，通过后视镜来反观当下。但我今天的认识改变了，我认为，当下的人类社会开始进入了没有路标，甚至没有路灯的高速公路，在这样的高速公路上行走是非常危险的。因此，在行驶的过程中，不仅要有后视镜，还必须要打远光灯，只关注过去与当下，没有对未来的瞭望，人类是很危险的。今天所有的学科都应该有前瞻性，人类学也不例外。包括我们目前所研究的艺术乡建的话题也一样，没有这样的眼光和胸怀，我们的研究就会有很大的局限性。

通过这几天的展览和研讨，我们学习到很多知识，也思考了很多问题，经过相互的碰撞，彼此收获多多。这次活动得到了大家的积极参与及支持，我代表主办单位谢谢大家！

附录

附录一

费孝通先生家属、国务院参事室费孝通社会调查中心副秘书长张喆致辞

尊敬的各位与会的专家、学者、老师们，大家上午好！首先非常感谢论坛组委会邀请我参加2019中国艺术乡村建设论坛，使我能够有这个机会和中国的学者、艺术家、设计师和策展老师们一起，探讨有关中国艺术乡村建设这个话题。

这次论坛的主题是中国艺术乡村建设，我想这个主题与我们国家现在提出的乡村振兴战略是分不开的，党的十九大报告首提实施乡村振兴战略，实施的总要求和目的是坚持农业农村优先发展，按照产业兴旺、生态宜居、乡风文明、治理有效、生活富裕的总要求，建立健全城乡融合发展体制机制和政策体系，统筹推进农村经济建设、政治建设、文化建设、社会建设、生态文明建设和党的建设，加快推进乡村治理体系和治理能力现代化，加快推进农村农业现代化，走中国特色社会主义乡村振兴道路。可见乡村振兴战略的实施，是要把我们的乡村建设成为充满活力、和谐有序、健康文明的乡村社会。

中国是一个历史悠久的国家，当前我们是处于社会主义初级阶段，虽然近年来在城镇化、工业化的道路上取得了巨大的成就，但目

前我们仍有6亿左右的农民人口，中国仍然是一个农业大国。所以我们当下在讨论乡村建设这一命题的时候，一定要从实际国情出发，特别应该看到改革开放40年来，随着人口的流动，社会的变迁，现在农村的生活环境、农村农民的生活方式、农民在物质需求和精神追求等方面发生了翻天覆地的变化。今天，当在座的各位人类学家、文化学者、艺术家、策展人和设计师聚集一堂，来探讨乡村建设的时候，希望大家能够坚持乡村建设要以人为本的理念，因为人是发展的根本目的，同时也是发展的根本动力。

所以我们更应该深入到乡村腹地，探讨农村问题，向农民取经，向实践学习，认真倾听呼声，察觉民意，总结经验和提出建议，使我们的研究成果更具有针对性和可操作性。我们提出的建议方案是否能维护农民的合法权益，研究成果的落实是否能使农民受益，这都证明了我们的工作是否落到了实处。正如人类学者常说的一句话：脚下沾有多少泥土，心中沉淀多少真情。

这次会议邀请了梁钦宁先生和我来参加，梁钦宁先生是梁漱溟先生的幼孙，我是费孝通先生的外孙。梁漱溟先生在20世纪三四十年代，从文化着手，尝试通过建立新的礼俗、乡学和村学来教育民众，以最终复兴中国传统文化。费孝通先生是以经济建设入手，通过发展乡村工业来增加农民的收入，提高农民的生活水平，以满足农民的切身利益。两位先生相继对中国农村问题进行了理论研究，并付诸实践，他们都身体力行投入到当时的乡村建设之中。

希望这次与会的学者老师和我们现在参与乡村建设的专家们，在这个新的一轮乡村建设运动中，能够发挥自身的专业能力，进一步推动乡村建设的发展，希望在新时代乡村振兴运动中能出现更多的像梁先生和费先生这样的学者。

各位老师，各位专家，我现在供职于国务院参事室，这是专门为党和国家提供咨询建议的机构。根据习近平总书记关于调查研究的指示，2016年底国务院参事室组建了社会调查中心，中心秉承费孝通先生认识社会、认识中国的理念，通过深入的实际调查，向中央领导和相关部门反映社情民意，并提供咨询建议。调查中心是一个开放的平台，费先生的学生们，比如说今天在座的方李莉老师、徐平老师、赵旭东老师、于长江老师等都发挥了骨干作用。从2016年开始，我们中心开展了一年一度的"费孝通田野调查奖"全国征文的活动，得到了社会各界的积极响应，一批来自实地调查的报告，也得到了国务院领导同志的重视和批示。如今天现场在座的王永健老师就是去年（2018年）征文获奖的作者，非常感谢他对我们工作的支持。首届的获奖文集已经于去年编辑出版了，第二届获奖征文现在正在编辑过程中，应该在今年（2019年）的7月份能够和大家见面。今年我们正在开展第三届的田野调查征文活动，欢迎大家踊跃参与和投稿。

借此机会，我也诚挚邀请各位专家学者利用国务院参事室社会调查中心这个平台，共同开展社会调查和课题合作，向中央决策层反映社情民意，提出意见和建议，为国家的乡村振兴战略作出学界积极的贡献。

最后预祝本次论坛取得圆满的成功，祝福备位与会专家和学者，各位老师，身体健康，工作顺利。

谢谢大家！

附录二

梁漱溟先生家属、中国孔子基金会梁漱溟研究中心副主任梁钦宁致辞

大家上午好，非常感谢方李莉老师和安丽哲老师给我这个机会，我介绍一下我的祖父梁漱溟在他那个时代从事乡村建设的一些情况。

梁漱溟先生讲乡村建设，他说所谓乡村建设实非建设乡村，而意在整个中国社会之建设，或可云一种建国运动。所谓建设不是建设旁的，而是建设一个新的社会组织构造，即建设新的礼俗。所谓新的礼俗是什么？就是中国固有精神与西洋文化的长处二者为具体事实的沟通调和，此沟通调和之点有了，中国问题方可解决。我认为梁漱溟先生这句话对于当下的中国依然有效。

梁漱溟先生在理论上准备得最为充分的是多部关于乡建的著作和论文集，如《中国民族自救运动之最后觉悟》。梁漱溟先生认为中国社会是伦理本位，职业分立，缺乏阶级对立，不赞成用暴力革命来解决中国的社会问题。

梁漱溟先生认为宪政的基础是地方自治，地方自治始于乡村，要改造中国的政治，必须从基础做起，国家宪政要以地方自治为基础，一乡一村的自治搞好了，宪政的基础就有了，只有乡村有办法，中国

才算有办法，无论在经济上、政治上、教育上都是如此。现在为什么要提乡村振兴，只有乡村的问题解决了，中国的问题才能解决。

乡村建设运动的宗旨是以中国固有精神为主，吸收西洋的长处。梁漱溟先生被很多人认为是保守派，我不这么看。我从祖父的著作，还有从对他行为的观察得出的结论是，其实他很多的思考是建立在对西方文化的接纳基础上的。他的乡村建设宗旨是团体组织加科学技术。这都是西方的。我祖父是没有去过西方国家的，但他对西方文化、民主法治的理解，甚至超过了胡适这些在国外学习生活过的人。

梁漱溟先生借鉴中国文化当中人生向上、伦理情谊的传统精神和西方文化团体组织、科学技术的长处，提出大家齐心向上，学好求进步的先进文化。他试图立足中国国情和传统文化，吸收西方文化的长处，从农村入手，以教育和合作为手段，以知识分子和农民为动力，创造新文化，救活旧农村，希望在政治上和经济上开出一条新的现代化道路来。

为此，他毅然放弃优越的城市生活，带领大批知识分子来到农村进行社会改造实验，先到广东，后到河南，再到山东。

梁漱溟先生的乡村建设遇到的最大问题，就是农民不热心。梁漱溟先生是怎么启发农民的？一个是把乡村教师组织起来开会学习，还有就是组织农产品博览会，不是强行推广新的农产品，而是利用乡建院自己有的农场，种养这些作物和牲畜，到秋后搞农产品博览会，让农民把自己种养的农产品拿出来和乡建院的农产品一起评比，农民看到这些能够在这片土地生长的优良作物，自然就会选择经过实践印证的这些农产品。这是一个全面化的社会改造，包括社会生活的方方面面，医院、学校、金融机构都有。

我最后给大家讲一下我个人对梁漱溟先生乡村建设的总结。我认为其中最为值得当下借鉴之处有：第一，尊重中国优秀的传统文化，主动吸纳西方文化的长处，不夜郎自大，不唯我独尊；第二，尊重规律，循序渐进，不急于求成，不急功近利；第三，尊重人性，以人为本，不自以为是，不强众从我。我祖父在他人生的最后，接受记者的采访时表明他自己人生最后的一个态度，我认为也是他的嘱托：要注重中国的传统文化，要顺应时代潮流。

谢谢大家！